Carola Henke · Sabine Schuler · Christine Georg

Das Ravensburger Buch der
Bärengeschichten

Das Ravensburger Buch der
Bärengeschichten

Herausgegeben von Carola Henke
und Sabine Schuler

Mit Bildern von Christine Georg

Ravensburger Buchverlag

Nortrud Boge-Erli

Überall gibt's Bären

Der Eisbär wohnt nur dort, wo's kalt ist,
der Grizzly dort, wo Fels und Wald ist.
Der Panda mit der weißen Krause,
der ist im Bambuswald zu Hause.
Der Sonnenbär auf Borneo,
der ist nur in der Sonne froh.
Ameisenbär Tamandua
genießt es in Amerika.
Wo's Wasser gibt, gibt's Waschbär'n,
wo Bonbons sind, gibt's Naschbär'n,
doch Zottel-Kuschel-Schmusebär'n
mit weichem Fell und Bauch,
die mögen Kinderzimmer gern
und Kinderhände auch!

Bär und
seine Freunde

Achim Bröger

Hallo, Bär!

„Hallo, Bär! Bist du wach?", zwitschert der Vogel.

„Bin ich", antwortet der junge Bär Mischa.

Er kommt aus seiner Höhle zwischen den Felsen. Er reckt sich und streckt sich und blinzelt in die Sonne.

„Guten Morgen, Berge", sagt der Bär. Aber die antworten nicht. Ruhig und riesig stehen sie da.

Der Vogel trillert und pfeift ein Morgenlied für sich und Mischa. So fängt der Tag gut an, denkt Mischa.

Hier knurrt etwas und klingt gefährlich.

„Hallo, Mischa", fiept die Maus. „Bist du so knurrig?"

„Mein Magen ist es und der Bärenhunger in ihm", antwortet Mischa.

„Soll ich dir ein Frühstückskörnchen bringen?", fragt die Maus.

Da lächelt der Bär und sagt: „Du, das ist lieb von dir."

Er schluckt das Körnchen. Aber seinen Riesenhunger spürt er genauso wie vorher.

Der Felsen unter Mischa ist warm. Die Sonne über ihm ist es auch. So fühlt er sich rundum gewärmt. Aber der Bärenbauch knurrt schon wieder. Mischa steht von seinem schönen Platz auf. Er will sich etwas zu fressen suchen.

Mischa trottet den Bach entlang und ins Tal hinunter. Kühl und still sieht das Wasser aus. Auf einem Stein begrüßt ihn der Vogel, den er hier immer trifft.

„Hallo, Zottel! Du siehst hungrig aus."

„Bin ich auch", brummt der Bär.

„Dann komm mit. Ich weiß, wo es Honig gibt."

Honig … ein süßes Wort, denkt Mischa. Bisher hat er immer nur gehört, wie Honig schmeckt. Gefressen hat er noch nie welchen. Das soll schnell anders werden.

Der Vogel fliegt voran. Mischa trabt hinterher und freut sich: „Gleich gibt's Honig. Das wird ein guter Morgen, dieser Morgen."

Dort oben hängen die Honigwaben. Der Baum ist hoch. Und sein Stamm ist glatt. Zum Glück kann Mischa gut klettern. Immer höher und höher kommt er. Dabei denkt er: Honig, Honig, ich will zum Honig.

Jetzt hat der Bär die Waben am Ast fast erreicht.

Aber Mischa ist dick und schwer. Und der Ast ist ziemlich morsch.

Näher und näher kommt der Bär seinem süßen Frühstück. Gleich habe ich's, denkt er.

Plötzlich knackt es und der Ast bricht ab. „Vorsicht!", warnt der Vogel. Aber Mischa kann sich nicht mehr festhalten.

Im nächsten Augenblick fällt er vom Baum.

Und im übernächsten Augenblick liegt er ohne Honig unterm Baum. Der abgeknickte Ast mit den Honigwaben hängt oben.

„So ein Pech", seufzt Mischa.

9

Sein Freund, Hubert Hase, rennt zu ihm. Er fragt: „Tut's sehr weh?"

„Nur ein bisschen", sagt Mischa. „Ich bin ja gut gepolstert."

Gleich darauf hört man wieder dieses Knurren aus Mischas Bauch.

Mischa und sein Hunger gehen baden. Natürlich kommen Hubert und der Vogel mit. Aber beide sind wasserscheu und bleiben am Ufer.

Das Wasser kühlt Mischas blaue Flecken. Er prustet und brummt und brummt und prustet im See herum. Fische springen aus dem Wasser. Er will einen fangen … und greift daneben. Die Fische schwimmen weg. Sein Hunger wird immer größer und größer.

Der Bär geht am Bach entlang. Er schaut ins Wasser. Da sieht ihm ein hungriger Bär entgegen.

„Das bin ja ich", staunt er. Und dann staunt er noch mehr, denn bei den Büschen steht ein Korb voll guter Sachen.

„Ein wunderschönes Bärenfrühstück", freut sich Mischa.

„Vorsicht!", warnt Hubert Hase. „Irgendwas stimmt hier nicht."

Er hat Recht. Der Korb gehört nämlich dem Jäger Hasenwut. Und Herr Hasenwut lauert mit seinem Hund ganz in der Nähe. Noch nie hat er einen Bären geschossen. Er möchte das zu gerne.

„Na warte", sagt er leise.

„Warte nicht! Lauf los!", ruft der Vogel.

Der Schuss kracht. Mischa rennt und rennt, wie er noch nie in seinem Bärenleben gerannt ist. Hubert Hase kommt kaum mit.

Noch einmal schießt der Jäger. „Daneben geschossen!", schimpft er.

„Daneben geschossen!", freut sich der Bär. Schließlich bleibt er stehen. „Das war also ein Mensch", sagt er atemlos. „Ich bin vorher noch nie einem begegnet. Sind sie alle so gefährlich?"

„Nicht alle", sagt Hubert und schimpft: „Man müsste diesem Kerl einen Knoten in den Gewehrlauf biegen."

„Au ja, das wäre gut", sagt Mischa.

Mischa hat heute schon viel erlebt. Vom Baum mit den Honigwaben ist er gefallen. Seinen ersten Menschen hat er getroffen. Zum Glück hat der ihn nicht mit dem Gewehr getroffen. Jetzt ist Mischa müde. Er legt sich unter einen Baum.

Hubert Hase sagt: „Ich bin gleich wieder da." Dann hoppelt er weg.

Mischa schließt die Augen und hält Mittagsschlaf.

Als der Hase zurückkommt, weckt er Mischa und fragt: „Hast du immer noch Hunger?"

„Und wie! Hör mal!", sagt Mischa. Aus seinem Bauch knurrt es sehr.

„Dann komm mit", sagt Hubert Hase. Neugierig und hungrig trabt Mischa hinter Hubert her. Unterwegs erzählt der Hase: „Jetzt wirst du gleich noch einen Menschen treffen."

„Muss das sein?", fragt Mischa erschrocken.

„Keine Angst. Dieser Mensch schießt nicht", sagt Hubert. „Wir gehen zur Frau, die in dem Haus da vorne wohnt. Die hat Futter für dich. Und sie ist viel netter als der Jäger. Ich kenne sie schon länger. Sie heißt Lisa."

„Hallo, Bär!", begrüßt ihn Lisa. „Du hast Hunger, hat mir Hubert erzählt. Und für einen hungrigen Bären habe ich immer etwas."

Lisa holt ein paar Körbe voll mit Äpfeln und Birnen.

„Alle für mich?", fragt Mischa und Lisa nickt.

Sogleich beißt der Bär in die saftigen Früchte und sagt: „Oh, oh … das schmeckt."

Dann frisst er und frisst. Sein Hunger wird immer kleiner. Und das Bauchknurren wird immer leiser.

Sein Freund Hase staunt, was alles in so einen Bärenbauch passt.

Zum Abschied gibt der Bär Lisa die Tatze und sagt: „Bis bald."

„Komm mal wieder", sagt Lisa.

Mischa hat fast den ganzen Tag gebraucht, um Futter zu finden. Gut, dass ihm Hubert dabei geholfen hat. Endlich fühlt sich Mischa schön satt. Jetzt ist nur noch wenig vom Tag übrig. Mischa macht sich auf den Heimweg zu seiner Höhle. Hubert Hase begleitet ihn ein Stück. Dann verabschieden sie sich voneinander.

Die Vögel zwitschern: „Auf Wiedersehen. Bis morgen."

Die Sonne ist hinter den Bergen verschwunden. Dahin will ich auch einmal, denkt Mischa. Ich möchte zu gern wissen, ob es hinter den Bergen noch andere Bären gibt. Meinen Freund Hubert nehme ich mit.

Der Bär liegt in seiner Höhle. Er seufzt und brummt wohlig. Dann denkt er noch mal an Herrn Hasenwut. Der Gedanke gefällt ihm gar nicht. Deswegen denkt er schnell an Hubert und an Lisa denkt er auch. Morgen will er sie unbedingt wiedersehen.

Nette Leute muss man einfach wiedersehen, meint Mischa.

Und wenn ich wirklich einmal Honig finde, bringe ich Lisa welchen mit. Eine ganze Tatze voll. Nein, zwei Tatzen mindestens.

Mischa blinzelt zum Mond. Dann schläft er ein. Und er träumt einen wunderschönen süßen Honigtraum. Pssst, nicht stören.

Josef Guggenmos

Sieben kleine Bären

Sieben kleine Bären
Gingen trippel-trappel
Durch den Wald
Und hielten sich brav
Bei den Vordertatzen.

Da standen sieben kleine Katzen
Bei einer Pappel
Am Bach.
Und sagten: Ach,
Wären wir drüben,
Miau!

Die Katzen machten die Augen zu
Vor Ängsten.
Und der kleinsten
War es am bängsten.

Da nahmen die sieben kleinen Bären
Die sieben kleinen Katzen
Auf ihren Rücken
Und sagten: Wir sind stark,
Es wird uns glücken.

Als sie am anderen Ufer waren,
Sagten die sieben Kätzlein
Artig das Sätzlein:
Wir danken schön!

Es ist gern geschehen,
Erklärten die Bären
Und meinten auch:
Ja, wenn wir nicht wären!

Sigrid Heuck

Die Teddybär-Geschichte

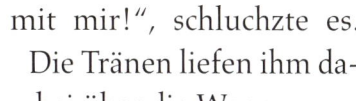

In einem Wald, in dem die Bäume besonders dicht standen und es immer ein bisschen dämmrig war, wohnte einmal eine Bärenfamilie.

„Sei nicht so vorwitzig und bleib immer schön hinter mir!", sagte Mutter Bär zu ihrem Bärenkind, wenn sie zusammen durch den Wald streiften.

Zuerst war der kleine Bär auch ganz brav. Aber als er größer wurde, hörte er nur noch mit einem Ohr auf die Worte der Mutter, dann nur noch mit einem halben und schließlich mit keinem mehr. „Ich wüsste zu gern", brummte er zu sich selbst, „wie es hinter den Bäumen aussieht."

Und eines Tages, als Vater Bär und Mutter Bär nicht so gut aufpassten, lief der kleine Bär davon. Er lief durch den Wald, über Wiesen und Felder. Weil er schon ein bisschen müde war, blieb er vor einem Haus stehen, das von einem kleinen Garten umgeben war. Auf einer Bank saß ein kleines Mädchen und weinte. „Niemand spielt

mit mir!", schluchzte es. Die Tränen liefen ihm dabei über die Wangen.

Das Bärenkind sah das kleine Mädchen an. Wie gerne würde ich mit ihm spielen, dachte es. „Wenn du möchtest", brummte es, „dann können wir uns ein bisschen schubsen."

„Wie geht das?", fragte das Mädchen neugierig.

„Du schubst mich mit dem kleinen Finger und ich dich mit meiner Nase, und wer dabei grob wird, der hat verloren." Damit war das Mädchen einverstanden. Das Bärenkind kletterte über den Zaun und sie spielten Schubsen, bis ihnen die Lust dazu verging.

Später zeigte das Mädchen dem kleinen Bären seine Schaukel. Sie schaukelten, spielten Ball und lachten zusammen. Am Abend, als es an der Zeit war, ins Bett zu gehen, durfte der kleine Bär im Puppenwagen schlafen. Die Mutter des Mädchens deckte ihn wie ihr eigenes Kind zu.

In der Nacht träumte das Bärenkind vom Wald, von Vater Bär und Mutter

Bär. Sie weinten, weil ihr Kind davon-gelaufen war.

Als der kleine Bär am nächsten Morgen aufwachte, war er krank. Er schlotterte an allen Tatzen.

„Was hast du?", fragte das Mädchen.

„Mich friert's", brummte das Bärenkind unglücklich.

„Aber du hast doch einen dicken Pelz. Wie kannst du da frieren?"

„Mich friert's unter dem Pelz", jammerte der Bär. „Irgendwie inwendig."

Da rief das Mädchen seine Mutter und die Mutter rief den Vater. Alle beratschlagten, was man für das Bärenkind tun könne. „Ich glaube, es ist Heimweh", sagte der Vater auf einmal.

Und weil er ein kluger Mann war und wusste, wo die Bären wohnen, nahm er das kleine Bärenkind huckepack und trug es zurück in den großen Wald. Er brachte es dorthin, wo die Bäume besonders dicht standen und wo es immer ein bisschen dämmrig war. Mutter Bär und Vater Bär freuten sich, als sie ihr Kind wiedersahen. Sie umarmten es und der kleine Bär war gleich wieder gesund. Das Mädchen aber weinte, weil es das Bärenkind so gern behalten hätte. Da setzte sich seine Mutter hin und nähte einen kleinen Stoffbären. Zuerst zerschnitt sie eine wuschelige Decke. Aus schwarzen Knöpfen machte sie Augen. Mund und Nase stickte sie mit braunem Garn.

„Er sieht genauso aus wie mein Bärenkind", sagte das kleine Mädchen und nahm den Teddy glücklich in die Arme. Am Abend legte es den Bären in den Puppenwagen und deckte ihn zu. Als die Nachbarskinder den Stoffbären sahen, wollten sie auch mit ihm spielen. Damit es keinen Streit gab, nähte die Mutter für jedes Kind einen eigenen Teddybären. Sie nähte und nähte. Vielleicht näht sie heute noch.

Gina Ruck-Pauquèt

Der kleine Nachtwächter und der Bär

Als die Dämmerung kam, saßen die Leute vor ihren Häusern und erzählten von alten Zeiten. Der Drehorgelmann, der Bauer, die Blumenfrau, das Luftballonmädchen und der Dichter.

„Wölfe und Bären gab es damals", sagte der Bauer und dann musste er gähnen.

Und weil die anderen Leute auch müde waren, gingen sie alle zu Bett. Der kleine Nachtwächter blieb allein zurück. Er begrüßte den Mond, schaute den eiligen Wolken nach und machte seine Runde. Doch als er eben um die Ecke biegen wollte, stand plötzlich ein Bär vor ihm.

Es gibt keine Bären mehr, dachte der kleine Nachtwächter und er schloss die Augen. Aber als er sie wieder öffnete, war auch der Bär wieder da.

„Guten Abend, Bär", sagte der kleine Nachtwächter freundlich. „Kommst du aus den alten Zeiten?"

„Brumm", entgegnete der Bär und das konnte ja oder nein heißen.

Er schüttelte sein zottiges braunes Fell und wanderte durch das Dorf. Und der kleine Nachtwächter ging immer hinter ihm her. Als der Bär zum Dorfteich kam, betrachtete er lange sein Spiegelbild im Wasser.

„Du bist ein hübscher Bär", sagte der kleine Nachtwächter, denn zu Gästen muss man höflich sein. „Aber komm lieber da fort, sonst fällst du noch hinein!"

Da wandte der Bär sich ab und tapste zu den Häusern hinüber. Er steckte seinen dicken braunen Kopf in die Fenster und schaute sich die Leute an.

„Oh", sagte der kleine Nachtwächter, „wenn sie aufwachen und dich sehen, werden sie sehr erschrecken, denn sie sind keine Bären gewöhnt. Komm lieber da fort!"

Da wandte der Bär sich ab und lief in den Blumengarten. Und weil ihm die weißen Rosen so sehr gefielen, begann er sie aufzufressen.

„Nein!", rief der kleine Nachtwächter. „Das ist verboten. Komm da fort!"

Da wandte sich der Bär zum dritten Mal ab. Und diesmal war er traurig.

„Warte", sagte der kleine Nachtwächter. Er zog seinen Kamm aus der Tasche und blies darauf eine Melodie.

Der Bär spitzte die Ohren, dann stellte er sich auf die Hinterbeine und begann zu tanzen. Immer fröhlicher wurde er. Und weil Fröhlichkeit mindestens so ansteckend ist wie die Masern, wurde auch der kleine Nachtwächter ganz vergnügt. Er packte den braunen Bären bei den Pfoten und tanzte mit. Linksherum, rechtsherum und im Kreise.

In der Früh, als der Morgen über die Dächer stieg, ließ der kleine Nachtwächter den Bären los.

„Ich will die Leute holen", sagte er. „Sie müssen sich an dich gewöhnen, denn du bist mein Freund."

Doch als er den Leuten den Bären zeigen wollte, war er verschwunden.

„Vielleicht habe ich den Bären nur geträumt", meinte der kleine Nachtwächter und er lächelte ein wenig.

„Aber wenn ich es will, wird er immer wieder bei mir sein, denn er ist mein Freund. Ich brauche nur die Augen zu schließen und an ihn zu denken."

Elisabeth Zöller

Guten Tag, ich bin ein Bär

Melodie: Ludger Edelkötter

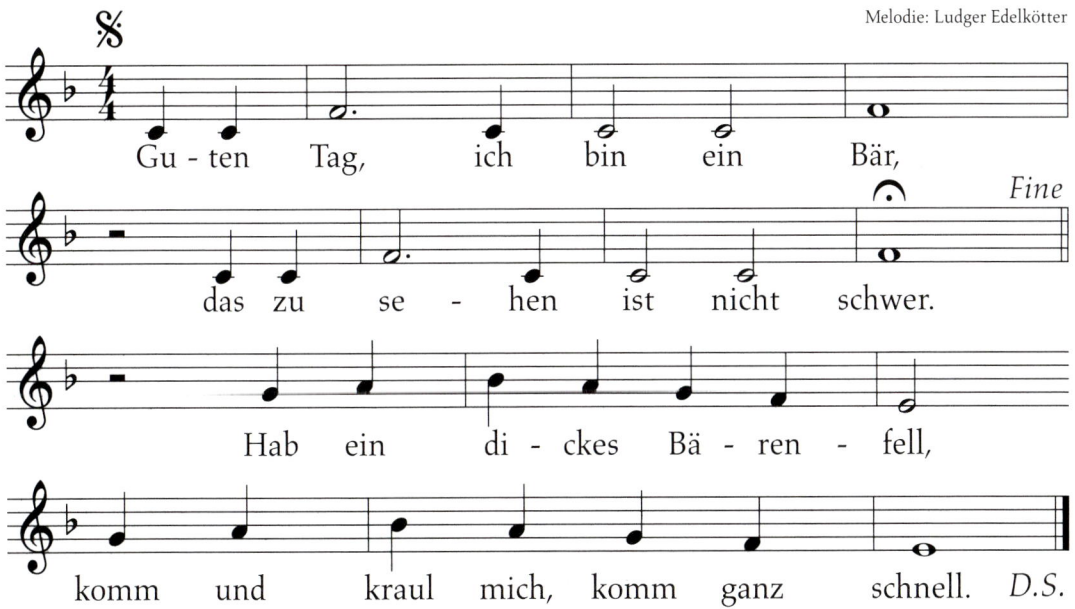

Gu - ten Tag, ich bin ein Bär,

das zu se - hen ist nicht schwer.

Hab ein di - ckes Bä - ren - fell,

komm und kraul mich, komm ganz schnell. *D.S.*

Guten Tag, ich bin ein Bär,
das zu sehen ist nicht schwer.
Hab ein dickes Bärenfell,
komm und kraul mich,
komm ganz schnell.

Friedel Schmidt

Wischi und Waschi

Auf einer Insel, nicht weit vom Land entfernt, wohnen Wischi und Waschi. Und weil es hier Schnecken, Heuschrecken, Spinnen, Würmer, Bienen, Fliegen, Käfer, Krebse, Muscheln, Kastanien, Nüsse, Früchte, Wurzelgemüse und dicke rote Beeren gibt, werden sie immer satt.

Alles, was Wischi essen will, wischt er vorher ab. Darum heißt er Wischi. Dann gibt er es an Waschi weiter. Der wäscht es ab. Darum heißt er Wischi. Wenn sie alles abgewischt und abgewaschen haben, futtern sie, dass es nur so staubt. Dann sind sie müde und schlafen ein Stündchen. So ist das bei Waschbären.

Und so könnte es auch weitergehen bis nächstes Jahr Weihnachten oder noch weiter. Beide könnten sich bärenwohl fühlen. Aber da ist ein Haken: Wischi will nie allein sein und Waschi will auch mal seine Ruhe haben. Sagt Waschi: „Ich gehe Fliegen fangen", sagt Wischi: „Ich gehe mit." Sagt Waschi: „Ich mache mir jetzt einen Spinnen-Schnecken-Käfersalat", sagt Wischi: „Ich mache mir auch einen

Spinnen-Schnecken-Käfersalat." So ist das immer. Wischi will nicht allein essen. Wischi will nicht allein spielen. Wischi will nicht allein ins Bett und nicht allein einschlafen. Waschi klettert auf einen Baum und macht einen Kopfsprung ins Wasser. Wer flitzt auf den Baum und plumpst hinterher? Wischi.

„Kann ich nicht mal fünf Minuten allein sein?", knurrt Waschi.

„Du ja, aber ich nicht. Fünf Minuten, wie lange ist das?"

„Ich will meine Ruhe haben", schimpft Waschi. „Ich gehe weg und komme nie wieder."

„Dann gehe ich mit dir weg und komme auch nie wieder", brummelte Wischi.

„Nein, ich gehe allein."

Wischi hat Angst. Er will nicht allein sein. Er ist ganz lieb und er macht alles, was Waschi will.

Und weil Waschi es gern hat, wenn Wischi lieb ist und alles macht, was er will, sagt er oft zu Wischi: „Du wirst sehen: Ich gehe weg und komme nie wieder."

Dann krault Wischi Waschi stunden-
lang hinter den Ohren, bringt ihm zu
futtern und kämmt ihm die Haare.
Nur allein will Wischi nicht sein.

Und das wäre so weitergegangen bis
nächstes Jahr Weihnachten oder noch
weiter, wenn nicht dieses fürchterliche
Gewitter gekommen wäre: Es blitzt,
donnert und gießt wie aus Feuerwehr-
schläuchen. Auf dem See sind hohe
Wellen.

Plötzlich kommt eine riesige Welle
und – schwupp!, spült sie den Waschi
weg vom Strand. Der strampelt, rudert
und schlägt wie wild mit den Armen
um sich. Er will zur Insel zurück, er
will zu Wischi. Aber es geht nicht. Die
Wellen sind stärker. Sie treiben ihn
weg und werfen ihn schließlich aufs
Land.

Da liegt er nun wie ein nasser Wasch-
lappen. Er kann nicht aufstehen. Alles
tut ihm weh. Vor Müdigkeit schläft er
ein und hat endlich seine Ruhe.

Wischi hat die riesige Welle nicht gesehen, die Waschi weggespült hat. Er
ruft nach Waschi. Waschi antwortet
nicht. Er rennt herum und brüllt lauter. Waschi antwortet nicht. Er heult,
schreit und stampft mit den Füßen auf
den Boden.

Kein Waschi weit und breit.

Wischi ist allein. Er hockt sich auf den
Boden, stützt den Kopf auf die Knie
und heult und heult. Anfangs ganz
laut. Dann immer leiser. Und weil

Brüllen keinen Spaß macht, wenn man
nicht gehört wird, und Heulen keinen
Spaß macht, wenn man nicht getröstet
wird, hört er schließlich damit auf.

Er schließt die Augen und will nichts
mehr sehen. Er sieht nicht, dass das
Gewitter aufgehört hat. Er sieht nicht
die dicken roten Beeren vor seiner
Nase. Alles ist grau.

Wischi ist allein.

„He, du! Warum bist du so traurig?",
schnarren zwei Raben, die vorbeige-
flattert kommen.

„Ich bin ganz allein", ruft Wischi.

„Stimmt ja nicht. Wir sind doch da",
krächzen die Raben.

„Ich bin trotzdem ganz allein", schreit
Wischi.

Die Raben schütteln ihre Köpfe und
fliegen weiter.

Und weil so viel Traurigsein müde
macht, schläft Wischi schließlich ein.

Fünf Stunden und fünfundfünfzig Minuten hat Waschi an Land geschlafen.
Dann wird er wach. Er gähnt und reibt
sich den Schlaf aus den Augen.

Wischi auf seiner Insel wird auch wieder wach. Er rüttelt und schüttelt sich.
Er bewegt Arme und Beine. Er macht
drei Kniebeugen und fühlt, ob das Herz
noch schlägt. Er blinzelt in die Sonne.
Von Waschi noch immer keine Spur.
Er sieht zwei Raben am blauen Himmel fliegen und frisst die dicken roten
Beeren vor seiner Nase. „Allein sein ist

zwar schwer. Aber Hauptsache, ich bin noch am Leben."

Waschi ist auch allein. Kein Wischi weit und breit. Waschi hat seine Ruhe. Aber zu viel Ruhe und zu viel Alleinsein machen auch keinen Spaß. Und Hunger hat er auch. Er geht zum Dorf. Will Erdbeeren aus dem Garten stibitzen.

Da kommt die Bäuerin. Sie läuft hinter ihm her. Sie will ihn fangen. Waschi rennt um sein Leben. Er springt in den See. Er schwimmt wie ein Weltmeister und erreicht wirklich seine Insel.

Und wer sitzt da am Strand und blinzelt faul in die Sonne? Wischi! Haben die sich gefreut! Wischi hat abgewischt und Waschi hat abgewaschen. Dann haben sie gefuttert, dass es nur so staubte, und ein Stündchen geschlafen. So ist das bei Waschbären und so geht das auch weiter bis nächstes Jahr Weihnachten oder noch weiter.

„Ich gehe jetzt Fliegen fangen", sagt Waschi.

Wischi sagt nichts.

„Gehst du nicht mit?", fragt Waschi.

„Ich habe keine Lust. Ich kann schon gut allein sein. Fünf Minuten und noch länger. Fast einen ganzen Tag. Aber pass bloß auf, dass keine große Welle kommt!"

Stijn Moekaars

Freundin

„Was tust du, Bär?", fragte Biene, als sie über die Lichtung im Wald flog.

„Ich übe", keuchte Bär. Er hüpfte durch das Gras und machte mit seinen braunen Pfoten große Bögen in der Luft.

„Und was übst du?", summte Biene und setzte sich auf eine Klatschmohnblüte.

Bär hüpfte unverdrossen weiter und schwenkte seine dicken Pfoten nur noch heftiger. „Ich übe jemandem einen Schlag zu versetzen", sagte Bär, „und ich übe zugleich, selbst keinen Schlag zu kriegen."

„Oh", sagte Biene. „Warum willst du jemandem einen Schlag versetzen?"

„Wenn ich mit jemandem nicht einer Meinung bin, haue ich ihm eine runter", sagte Bär und hüpfte mit beiden Beinen in die Luft. „Deshalb übe ich."

Die Sonne stand senkrecht über der Lichtung. Eine Grille zirpte im Gras am Rand. Biene flog kurz hoch und setzte sich dann auf eine weiße Grasrispe. Die bog sich tief nach unten. „Du haust also manchmal jemandem eine runter?", fragte Biene verwundert. Bär hielt einen Moment inne, blickte Biene an und nickte. „Ja, wenn ich mit jemandem nicht einer Meinung bin, dann haue ich ihm auf den Kopf."

„Oh", sagte Biene.

Bär zog weiter seine Kreise.

„Würdest du mir auch eine runterhauen?", fragte Biene.

„Nein, natürlich nicht", sagte Bär. „Du bist doch meine Freundin."

„Ach so, ja", sagte Biene.

Die Grille am Rand der Wiese hörte auf zu zirpen.

„Aber wenn ich nicht mehr deine Freundin wäre", fuhr Biene fort, „würdest du mir dann eine runterhauen?"

Bär blieb stehen. Er setzte sich ins Gras, neben die Grasrispe, auf der Biene saß. „Darüber muss ich erst nachdenken", keuchte er und rieb sich mit der Pfote über die Stirn.

Biene schaukelte auf dem Grashalm hin und her. Bär legte sich hin, die großen Pfoten unter dem Kopf. Eine Wolke glitt still über den Himmel.

„Nein", sagte Bär. „Nein, ich würde dir keine runterhauen. Ich würde dich fragen, warum du nicht mehr meine Freundin sein willst."

Biene hörte ihm summend zu.
„Mit dir kann ich gut sprechen", sagte Bär.
„Und ich höre dir gerne zu", sagte Biene.

„Ich würde immer mit dir sprechen, statt dir eine runterzuhauen", seufzte Bär. „Immer."
Am Rand der Waldlichtung fing die Grille wieder an zu zirpen.

Hans Baumann

Der Honigschlecker

In einem Wald lebten der Bär und der Fuchs. Der Bär wohnte in einem hübschen Haus mit Dachboden. Auf dem Dachboden hatte der Bär ein Fässchen voll Honig versteckt.

Der Fuchs aber kam dahinter und überlegte, wie er zum Honig des Bären kommen könnte.

Eines Tages lief er zum Bärenhaus, setzte sich unter das Fenster und jammerte: „Ach, großer Bruder Bär, du weißt ja nichts von meinem Kummer."

„Was für Kummer hast du denn, kleiner Bruder Fuchs?"

„Ach, meine armselige Hütte hat hundert Ritzen und Löcher, durch die der Wind pfeift. Nichts habe ich zu heizen. Lass mich doch bei dir wohnen!", sagte der Fuchs.

„Na, wenn das so ist", sagte der Bär, „dann komm herein zu mir, kleiner Bruder Fuchs!"

Die beiden legten sich auf dem Ofen schlafen. Der Bär schlief seinen Bärenschlaf. Der Fuchs aber tat nur so, als schliefe er. Sein Schwanz machte tuk-tuk-tuk, bis der Bär aufwachte und fragte: „Wer klopft denn da?"

Da sagte der Fuchs: „Verwandte schicken nach mir. Sie haben einen Sohn bekommen und ich soll einen Namen für ihn finden."

„Jetzt, mitten in der Nacht?", fragte der Bär.

„Ja, jetzt", sagte der Fuchs. „Ich werde mich gleich auf den Weg machen."

Der Bär schlief weiter.

Der Fuchs aber stieg heimlich auf den Dachboden, machte das Honigfässchen auf und schleckte nach Herzenslust.

Als der Bär am Morgen erwachte, lag der Fuchs neben ihm, und der Bär fragte: „Nun, welchen Namen hast du für den Sohn gefunden?"

„Obenweg soll er heißen", sagte der Fuchs.

„Den Namen habe ich aber noch nie gehört", sagte der Bär.

Bald darauf klopfte der Fuchsschwanz wieder mitten in der Nacht.

„Wer klopft da?", fragte der Bär.

„Wieder ist bei Verwandten ein Sohn geboren worden", sagte der Fuchs. „Sie finden keinen passenden Namen."

„Dann geh nur hin, wenn es sein muss!", sagte der Bär.

Er schlief gleich weiter und der Fuchs schlich sich auf den Dachboden und schleckte das Honigfässchen halb leer.

„Nun, und wie heißt der neue Sohn?", fragte der Bär am Morgen.

„Halbaus heißt er", sagte der Fuchs.

„Habe ich noch nie gehört", sagte der Bär, „dass einer Halbaus heißt."

Zum dritten Mal klopfte der Fuchsschwanz nach ein paar Tagen während der Nacht.

„Was ist denn nun schon wieder?", brummte der Bär im Schlaf.

„Na, was denn? Wieder brauchen sie einen Namen für ein Kind!", sagte der Fuchs und schlich auf den Dachboden. Und als der Bär am Morgen nach dem Namen fragte, sagte der Fuchs: „Diesmal ist mir der Name Ganzaus eingefallen."

„Noch nie gehört", sagte der Bär. „Aber jetzt will ich Pfannkuchen für uns backen."

Da sagte der Fuchs: „Pfannkuchen, sehr gut! Und mit Honig schmecken sie himmlisch. Hast du nicht Honig im Haus?"

„Oh doch!", sagte der Bär. „Ein ganzes Fässchen voll auf dem Dachboden." Und er stieg hinauf, um den Honig zu holen. Aber im Fässchen war nichts mehr. Zornig kam der Bär in die Stube und sagte: „Der Honig ist weggeräubert! Wenn du das gewesen bist, bist du nicht mehr mein kleiner Bruder!"

„Aber hör mal, mein großer Bruder!", sagte der Fuchs. „Nicht einmal gesehen habe ich den Honig, nicht einmal gewusst von ihm!"

Da grübelte der Bär und grübelte und sagte schließlich:

„Das müssen wir doch herausbekommen, wer den Honig aufgeschleckt hat, das ganze Fässchen Honig! Du oder ich! Wir beide legen uns jetzt in die pralle Sonne mit dem Bauch nach oben. Und bei wem die Sonne Honig herausschmilzt, der hat sich den Bauch damit voll geschlagen."

Beide legten sich in die pralle Sonne. Der Bär wurde schläfrig und schlief seinen Bärenschlaf.

Der Fuchs dagegen blieb wach und passte auf seinen Bauch auf. Und siehe da: Die Sonne schmolz den Honig aus dem Fuchsbauch. Da wischte der Fuchs den Honig von seinem Bauch und strich ihn auf den Bärenbauch. Als er seinen Bauch ganz gesäubert hatte, schrie er so laut, dass der Bär aufwachte:

„Großer Bruder Bär, nun sieh doch, wie mein Bauch aussieht und wie es mit dem deinen ist!"

Der Bär sah, dass sein Bauch klebrig von Honig war, und sagte:

„Also muss *ich* es wohl gewesen sein, der das Honigfässchen leer geschleckt hat. Sei mir nicht böse, kleiner Bruder Fuchs!"

Retus de Selva

Der Berg des großen Bären

Der große braune Bär erwachte wie aus einem langen Traum und rieb sich die Augen. Ein greller Sonnenstrahl leuchtete durch die Höhlenöffnung.

„Ist das denn bärenmöglich?", brummte er vor sich hin. „Habe ich den ganzen Winter verschlafen? Dann ist es aber höchste Zeit, dass ich mich auf die Tatzen mache, damit ich meinen Berg wieder in Besitz nehmen kann. Die Weiden beginnen zu grünen und die Luft ist voller Frühlingsduft. Das wird wieder ein herrlicher Sommer hier oben!"

Unten im Tal hauste zwischen Feldern und Gestrüpp eine Hasenfamilie: Vater, Mutter und drei Junge.

„Weißt du, Vater", sagten eines Tages die Jungen, „hier in der Ebene ist es nicht mehr auszuhalten. Wir kennen den hintersten Schlupfwinkel. Warum gehen wir nicht auf den großen Berg hinauf, wenigstens in den Sommerferien?"

„Ihr habt schon Recht, liebe Kinder", erwiderte der Vater. „Auch eure Mutter und ich hatten schon oft Sehnsucht nach dem großen Berg. Aber das ist nicht möglich, der Berg gehört dem großen braunen Bären."

„Ja, so ist es leider", sagte auch die Mutter.

Die Hasenkinder aber gaben nicht auf.

„Du bist doch schlau und gescheit und bist schon mit ganz anderen Dinge fertig geworden", sagten sie.

Und tatsächlich, eines Abends sagte der Hasenvater: „Morgen ist es so weit, ich gehe auf den Berg, um zu schauen, was sich machen lässt! Ich habe so meine Pläne."

Die Hasenkinder konnten die halbe Nacht nicht einschlafen vor Aufregung. Dafür lagen sie noch in tiefem Schlaf, als sich der Vater am frühen Morgen auf die Pfoten machte. Schnell ging es in der Morgenfrische bergauf, doch der Berg war viel größer, höher und steiler, als man es vom Tal aus ahnen konnte.

Erst um die Mittagszeit erreichte der Hasenvater den Waldrand, ganz oben bei der Bärenhöhle.

Nach einer kurzen Rast sah er sich um und hatte bald gefunden, was er suchte: ein riesiges Wespennest am Wurzelstock einer großen, verwitterten Wettertanne!

Ängstlich schlich sich der Hase an die Bärenhöhle heran, wo der große braune Bär eben von seinem Mittagsschlaf erwachte.

„Na, was ist denn da", brummte er und setzte sich auf die Hinterpfoten. Schon wollte der Hase davonspringen, als der Bär freundlich sagte: „Das ist ja nett, so unerwartet Besuch zu bekommen. Ich habe schon lange keinen Hasen mehr gesehen."

Der Hase war überrascht. Scheint ein ganz freundlicher Herr zu sein, dieser Bär, dachte er.

„Was stehen wir da herum", brummte der Bär. „Ich mache jetzt meinen Nachmittagsspaziergang, kommst du mit? Sicher haben die Bienen wieder Honig für mich bereitet. Weißt du, Bienenhonig liebe ich über alles."

„Natürlich komme ich mit", entgegnete der Hase und führte den Bären unauffällig in die Richtung der Wettertanne. Dort fragte er vorsichtig: „Hättest du Lust, eine Wette abzuschließen?"

„Was für eine Wette?"

„Siehst du hier diese mächtige Tanne? Ich wette mit dir, dass ich schneller oben und dann wieder unten bin als du."

„Das wäre ja gelacht, wenn ich einen so kleinen Hasen wie dich nicht schlagen könnte", brummte der Bär.

„Lassen wir es darauf ankommen", meinte der schlaue Hase. „Ich zähle und du kletterst zuerst."

„Also gut, ich bin einverstanden", sagte der Bär und schon kletterte er flink und geschickt von Ast zu Ast. Oben angelangt, kehrte er um und rutschte schnell auf der andern Seite hinunter. Dann aber geschah es! Einer der letzten morschen Äste krachte und der Bär fiel rücklings in das Wespennest!

Die Wespen stürzten sich in wilder Wut auf den Bären. Dieser war so überrascht, dass er sich lange nicht wehrte. Er lag ganz still da und der Hase glaubte schon, die Wespen hätten ihn zu Tode gestochen.

Voller Angst rief er: „Wälze dich weg, lass dich den Hang hinunterkollern, sonst bist du erledigt!"

Endlich wälzte sich der Bär langsam weg. Unten am Hang empfing ihn der Hase mit unschuldiger Miene. „Du tust mir Leid, wie geht es dir?"

„Oh weh, oh weh", jammerte der Bär, „ich bin erledigt, verstochen und vergiftet, oh weh, oh weh!"

„Komm, nimm dich zusammen, wir gehen zurück zu deiner Höhle, dort kannst du dich pflegen", tröstete der Hase, der seine Schadenfreude kaum verbergen konnte.

„Dieser Berg ist mir verleidet", brummelte der Bär. „Hat es bei euch unten auch solche Biester?"

„Ach woher, solche gemeine Wesen sehe ich heute zum ersten Mal", log der Hase. „Nur Bienennester in Hülle und Fülle hat es bei uns, so richtig große."

Ungläubig schaute der Bär den Hasen an. „Wenn dem so ist, dann wäre es gescheiter, ich würde zu euch hinunterkommen. Aber vorher gehe ich in meine Höhle und pflege mich", stöhnte der Bär.

„Und ich muss ins Tal hinunter", sagte der Hase und verabschiedete sich.

Am nächsten Tag war der Hase frühzeitig bei der Höhle, um den Bären in die Ebene begleiten zu können. Aber der Bär saß in bester Laune vor der Höhle.

„Wie geht es dir?", fragte der Hase unschuldig.

„Ach weißt du, es war gar nicht so schlimm, gestern. Mein dicker Pelz hält allerhand aus. Ich habe im Bergsee ein herrliches, erfrischendes Bad genommen und dann die ganze Nacht wie ein Bär geschlafen. Ich fühle mich wie neugeboren."

„Ich dachte schon, es gehe dir schlecht und bin deshalb auf Besuch gekommen", heuchelte der Hase, „und um dir den Weg ins Tal zu zeigen."

„Hast du tatsächlich gemeint, ich lasse mich wegen ein paar Wespenstiche von meinem Berg vertreiben?", lachte der Bär. „Nein, nein, mir gefällt es hier ausgezeichnet."

Da verabschiedete sich der Hase enttäuscht und entmutigt. Doch ein Hase gibt sich nicht so schnell geschlagen. Er streifte auf dem Berg herum und suchte eine neue Falle für den Bären. Bald hatte er etwas Passendes gefunden: ein großes Gebüsch am Fuße einer steilen, glitschigen Halde, mit Dorngesträuch, Brombeerranken, Himbeerstauden und Brennnesseln!

Der Hase schlich erneut zur Bärenhöhle.

„Du bist schon wieder da? Komm mit, ich mache meinen Nachmittagsspaziergang."

„Sehr gerne, es ist so herrlich dort oben."

Nichts ahnend ließ sich der Bär vom Hasen wieder in den Hinterhalt locken, oben am steilen Hang.

„Ein herrlicher Hang ist das, so richtig gemacht für einen Wettlauf. Ich wette, ich bin schneller als du dort unten beim Gebüsch", sagte mit unschuldigem Ton der Hase.

„Wäre noch schöner, wenn ich ein so kleines Ding wie dich nicht schlagen würde", tönte es zurück.

„Wie du meinst, lassen wir es auf einen Versuch ankommen!"

Und wieder konnte es der schlaue Hase so einrichten, dass der gutmütige Bär über die nassen Stellen laufen musste und mit seinem riesigen Gewicht ausrutschte. Der Hase aber hielt vor dem Gestrüpp geschickt an. In hohem Bogen flog der Bär ins Gebüsch hinein.

„Es ist ein Jammer, was ich in letzter Zeit für Pech habe", winselte er und arbeitete sich mühsam aus dem Dornengestrüpp heraus. Der Hase bekam es ein bisschen mit der Angst zu tun, als der Bär auftauchte. Zum Fürchten sah er aus mit seinem blutigen Gesicht und mit seinem mit Stacheln und Dornen übersäten Fell.

„Du bist wirklich ein Pechvogel, gestern die Wespen und heute diese üble Geschichte."

„Ja, ja", stöhnte der Bär, „so langsam habe ich die Nase voll von diesem Berg. Wie ist es denn bei euch unten im Tal?"

„Bei uns wächst kein so wildes Gestrüpp", prahlte der Hase, „nur schöne Wiesen und Äcker gibt es und große Wälder mit vielen Bienennestern."

„Ich sehe schon, es ist vielleicht doch besser, wenn ich ins Tal komme", überlegte der Bär. „Ich muss jetzt aber zurück in meine Höhle und mich niederlegen, mein ganzer Körper schmerzt und brennt."

„Wenn nichts dazwischenkommt, dann schaue ich morgen nach dir", tröstete ihn der Hase in möglichst unschuldigem Ton.

„Du bist ein lieber Kerl, wirklich ein netter Kerl", brummte der Bär und ging mühsam zur Höhle zurück.

„Er hat es ja selber gesagt, dass ich ein lieber und netter Kerl bin", versuchte sich der Hase auf dem Heimweg einzureden.

Als der Hase am nächsten Tag wieder auf den Berg kam, empfing ihn der Bär in bester Laune. „Nett von dir, nach mir zu schauen, aber völlig unnötig. Mir geht es prima! Nach einem erfrischenden Bad im Bergsee war es nur noch halb so schlimm, und heute Morgen spüre ich vom gestrigen Unfall überhaupt nichts mehr. Ich komme nicht mit dir ins Tal, wo denkst du auch hin! Schau dir diesen herrlichen Berg an, mit dieser Aussicht, dieser reinen Luft. Nein, nein, wegen solcher Kleinigkeiten lässt sich ein Bär sein Bergleben nicht verdrießen."

Der Hase traute seinen Ohren nicht. So ein Dickschädel! Nicht unterzukriegen. Mürrisch machte er sich aus dem

Staube. Lange kundschaftete er den Berg aus, bis er endlich das Richtige gefunden hatte.

Auf der Rückseite des Berges reichte ein Gletscher bis zu einem Felsvorsprung hin. Glattes, blankes Eis! Dahinter ein großes Steinmeer, Stein an Stein, spitz und scharfkantig. „Wenn ich den Bären da hinunterkriege, dann hat er ein für alle Mal genug!"

Und der Hase begann sein altes Spiel. Natürlich wusste er seinen Besuch bei der Höhle so einzurichten, dass es wieder Zeit war für den Nachmittagsspaziergang. Und wieder merkte der gutmütige Bär nicht, wie er unauffällig in die Gegend des Felsvorsprunges geführt wurde.

„Wollen wir nicht die gestrige Wette wiederholen?" In möglichst unauffälligem und beiläufigem Ton stellte der Hase diese Frage, denn er wollte nicht, dass der Bär sein Spiel durchschaute.

„Du mit deinen ewigen Wetten gehst mir langsam auf die Nerven", tönte es zurück.

„Ich dachte nur, weil es dir gestern so schlecht ergangen ist. Du hast ja verloren", stichelte der Hase.

Das ertrug der Bär nicht und fragte: „Was schlägst du denn wieder vor?"

„Ich dachte nur, wir könnten ausprobieren, wer zuerst dort unten an diesem Felsvorsprung ist."

„Also gut, ich bin einverstanden. Ich muss dir doch einmal zeigen, wer der Meister ist, sonst hast du keine Ruhe", meinte energisch der große Bär.

Der Bär rannte mit Riesenschritten voran, der schlaue Hase einige Schritte hinterdrein. Doch diesmal ging die Sache schief. Der große Bär entdeckte das Eisfeld rechtzeitig und mit seinen scharfen Krallen fand er noch sicheren Halt im steinigen Boden.

Der Hase aber stolperte, schlitterte über das Eisfeld und kollerte die Steinhalde hinunter. Vor Angst und Schmerzen schrie er laut auf. Der Sturz war fürchterlich. Es wurde ihm rot und schwarz vor den Augen – dann merkte er nichts mehr.

Er glaubte, lange geschlafen zu haben, als er langsam wieder die Besinnung gewann. Er merkte, dass ihm jemand die entsetzlich brennenden Wunden mit kaltem, frischem Bergwasser wusch, dann das Gesicht, die Augen, die wunden Pfoten. Nach und nach merkte er, wo er war: in der Bärenhöhle!

Traurig und beschämt begann der Hase zu weinen. „Schon gut, schon gut", brummte der Bär. „Geduld, es ist bald wieder alles gut!"

„Nein, nein, es ist nicht wegen der Schmerzen. Ich war so gemein zu dir und du bist so lieb und gütig."

„Du warst gemein?"

„Ja, hm, nein, ja …"

„Ja oder nein? Erzähle", drängte der Bär.

Und so erzählte der Hase dem Bären die ganze Geschichte. Von Anfang bis Ende. Vom gemeinen Trick mit den Wespen und von den Lügen. Vom Dornengestrüpp und vom Eisfeld. – Und dass er jetzt sterben müsse, ganz allein und einsam, hier oben auf dem Berg.

Der Bär hörte aufmerksam zu, manchmal schüttelte er ungläubig den Kopf, manchmal aber lächelte er auch! „Du hast mich ja schön erwischt, ja, du hast mir sozusagen einen Bären aufgebunden! Aber dieser letzte Streich mit der Steinhalde war nicht fair. – Darum bist du auch bestraft worden. Aber warum hast du das alles gemacht?"

„Meine Familie wollte so gerne auch auf dem Berg wohnen. Alle Tiere sagen, dies sei dein Reich und du wolltest den ganzen Berg für dich allein haben. Ich wollte dir den Berg verleiden", schluchzte der Hase. „Und jetzt muss ich hier oben sterben, ganz allein."

„Vom Sterben ist keine Rede. Du bist ja schon wieder ganz munter und kannst ganz gut reden. Aber ein paar Tage musst du schon noch hier bleiben und dich erholen. Ja, so geht es eben, wenn man alles glaubt, was die anderen Tiere erzählen. Jedes Tier, welches mir hier oben Gesellschaft leistet und nett ist, ist mir willkommen. Hättest du doch etwas gesagt, du kleiner Dummkopf. Deine Streiche waren nicht sehr nett, aber weißt du, ein Bärenfell hält allerhand aus!"

So versuchte der gutmütige Bär den Hasen zu trösten. Und halblaut sagte er: „Eigentlich hast du alles für deine Familie ausgedacht. Darum bist du gar nicht so schlecht. Versuch jetzt zu schlafen, du bist müde und hast Schmerzen." Und es ging nicht lange, da war der Hase eingeschlafen.

Als er wieder erwachte, schien die Sonne freundlich in die Höhle herein. Der Hase rieb sich die Augen, dann riss er sie weit auf – und noch weiter!

Am Höhleneingang standen der große Bär und daneben die Hasenmutter und die drei Kleinen!

„Was meinst du? Ich dachte, du hättest Freude an einem kleinen Besuch. Darum habe ich diese vier geholt. Du könntest im Moment sowieso nicht ins Tal hinuntergehen. Oder wollt ihr etwa alle zusammen hier oben bleiben?"

„Ja, ja, hier bleiben", tönte es froh und dankbar von allen Seiten.

Zufrieden brummte der Bär seine Zustimmung. Er blinzelte den Hasenvater an und fragte: „Wie wär's, hättest du gelegentlich wieder einmal Lust zu einer kleinen Wette?"

Ingrid Uebe

Teddy Langohr

Teddy Langohr sitzt auf der Bank auf dem Bahnsteig und schaut dem Zug hinterher. Sehr traurig ist er eigentlich nicht. Wenn er es recht bedenkt, fühlt er sich sogar ziemlich erleichtert. Der Leierkastenmann war eigentlich kein guter Freund, höchstens ein schlechter Geschäftspartner. Hat alles Geld in die eigene Tasche gesteckt und viel zu viel Bier getrunken. Bleibt nur die Frage: Was soll Teddy Langohr jetzt machen? So allein in der Nacht auf einem verlassenen Bahnhof!

Er könnte einfach den nächsten Zug nehmen. Könnte einsteigen und mitfahren – und aussteigen, wo es ihm gefällt. Aber wer weiß, wo der nächste Zug hinfährt? Möglicherweise hält er gar nicht da, wo es Teddy Langohr gefällt: Möglicherweise fährt er in eine Stadt, wo Stofftiere gar nicht willkommen sind. Oder in ein fremdes Land, wo man Bären mit Hasenohren nicht nur auslacht, sondern gleich einsperrt. Teddy Langohr sieht die Züge einfahren, halten und abfahren. Kaum ein Reisender steigt ein oder aus. Die meisten Leute sind bereits angekommen, wo sie die Ostertage verbringen wollen. Es geht schon auf Mitternacht zu.

Die Pausen zwischen den Zügen werden immer länger. Endlich kommt gar keiner mehr. Dafür kommt ein Mann mit einem Besen, einem Kehrblech und einer Karre. Zuerst fegt er den Boden, dann nimmt er die vollen Plastiksäcke aus den Abfallkörben und tut neue hinein.

Neben der Bank, auf der Teddy Langohr sitzt, steht auch so ein Korb. Dessen Plastiksack ist erst zur Hälfte gefüllt. Der Mann nickt zufrieden. Er ist froh über jeden Sack, den er nicht auswechseln muss.

Im Weitergehen fällt sein müder Blick auf Teddy Langohr. Ohne näher hinzuschauen, packt er ihn bei den Ohren und wirft ihn in den Abfallkorb neben der Bank. Dann schlurft er davon.

Ach, armer Teddy Langohr! Kannst du nicht schnell aus dem Korb klettern? Oder wenigstens laut um Hilfe rufen? Kein Gedanke! Nicht einmal „hmböh" macht Teddy Langohr. Und er rührt auch kein Glied. Er ist nämlich vor

Schreck in Ohnmacht gefallen. Starr und steif liegt er zwischen leeren Dosen, zerknüllten Tüten, Silberpapier, Apfelbutzen und senfbeschmierten Pappdeckeln. Nur seine Ohren hängen noch über den Rand.

Nun ist der Bahnhof gänzlich verlassen. Nichts bewegt sich, bis auf die Zeiger der großen Uhr. Sie zeigen Mitternacht.

Und nun kommt doch noch ein Zug.

Nur einer steigt aus: ein Mann mit wehendem Mantel und hochgeschlagenem Kragen. Er hat einen schwarzsilbernen Aktenkoffer in der Hand. Der Mann heißt Herr Michelsen und kommt von der Arbeit. Er arbeitet fast fünfzig Kilometer entfernt in einer bedeutenden Firma. Er arbeitet in einer wichtigen Abteilung und geht nie pünktlich nach Hause. Noch vor einer Stunde hat er ganz allein an seinem Schreibtisch gesessen und über Zahlen gebrütet, die für die wichtige Abteilung seiner bedeutenden Firma von großer Bedeutung sind.

Aber nun will Herr Michelsen heim. Mit schnellen Schritten läuft er über den Bahnsteig, an der Bank vorbei und an dem Abfallkorb daneben. Er sieht zwei lange Ohren über den Rand hängen und bleibt ruckartig stehen. Dann fasst er sich an den Kopf.

Herrn Michelsen fällt nämlich in diesem Augenblick etwas ein. Er sollte in der Stadt, wo er arbeitet, einen Hasen besorgen. Einen Stoffhasen für seine kleine Tochter Nele. Frau Michelsen hat ihn morgens darum gebeten. Frau Michelsen hat gemeint, dass dieser Stoffhase Neles Osternest erst den richtigen Pfiff geben wird und dass er außerdem für die Zähne längst nicht so schädlich ist wie Schokolade.

Leider hat Herr Michelsen den Stoffhasen nicht besorgt. Zuerst ist er beim besten Willen nicht dazu gekommen und dann hat er es vor lauter Arbeit einfach vergessen. Aber beim Anblick der langen Ohren, die aus dem Abfallkorb hängen, fällt ihm alles siedend heiß wieder ein.

Zögernd streckt er die Hand aus und berührt die Ohren. Zuerst zupft er daran und dann zieht er. Langsam und vorsichtig. Kann man wissen, was da zum Vorschein kommt?

Zum Vorschein kommt natürlich Teddy Langohr. Der ist eben aus seiner Ohnmacht erwacht. Er ist immer noch starr und steif. Aber er merkt doch, was mit ihm geschieht. „Hmböh", macht er unüberhörbar.

Herr Michelsen schüttelt den Kopf. Er betrachtet Teddy Langohr von oben bis unten, von hinten und vorn. Dann riecht er an ihm und anschließend rümpft er die Nase. Er überlegt eine Weile und runzelt die Stirn. Endlich zuckt er die Achseln und lacht. Er sagt kein einziges Wort. Aber er lacht. Und nimmt Teddy Langohr mit.

In Herrn Michelsens Haus ist nur noch ein Fenster hell, ganz oben unter dem Dach. Dort sitzt Frau Michelsen an ihrem Schreibtisch. Sie arbeitet nämlich mindestens genauso viel wie ihr Mann. Und ebenfalls für eine bedeutende Firma. Natürlich für eine andere. Sie ist Modezeichnerin und entwirft todschicke Kleider. Augenblicklich entwirft sie Sommerkleider. Aber nicht für diesen Sommer, sondern schon für den nächsten. Beruflich ist sie der Zeit immer mindestens ein Jahr voraus.

Herr Michelsen hängt seinen Mantel an die Garderobe und stellt seinen Aktenkoffer in die Ecke. Dann steigt er mit Teddy Langohr die Treppe hinauf, bis unters Dach.

Na, wie gefällt dir Frau Michelsen denn, Teddy Langohr?

Oh, wirklich gut! Sie ist dunkelhaarig und hübsch und trägt ein langes moosgrünes Kleid. Selbst entworfen natürlich. Sie hat eine kleine Brille mit grün gesprenkeltem Rand. Die nimmt sie jetzt ab und reibt sich die Augen.

„Hallo, mein Schatz", sagt Herr Michelsen. „So spät bist du noch auf?"

„Hallo, mein Schatz", sagt Frau Michelsen. „So spät kommst du nach Hause?"

Sie lachen beide und geben sich einen Kuss.

Frau Michelsen wirft einen Blick auf Teddy Langohr. Da sie ihre Brille aber nicht aufhat, kann sie nur seine Umrisse erkennen. „Aha – der Hase!", sagt sie erfreut.

„Nun", antwortet Herr Michelsen, „ein richtiger Hase ist es eigentlich nicht." Er hält ihr Teddy Langohr entgegen.

Frau Michelsen nimmt ihn in beide Hände. Sie setzt die Brille auf und schaut ihn eingehend an.

„Na so was!", sagt sie. „Das gibt es doch gar nicht. Wer hat denn dem Bären die langen Ohren verpasst?"

„Kein Ahnung", gesteht Herr Michelsen und zuckt die Achseln.

„Wo hast du ihn her?", will Frau Michelsen wissen.

„Das sage ich dir lieber nicht", antwortet Herr Michelsen. „Ich glaube, er muss in die Waschmaschine."

Teddy Langohr hat das Gefühl, dass er gleich wieder in Ohnmacht fällt.

Frau Michelsen streicht ihm über den Kopf. „Was hat er da?", fragt sie. „Sieht aus wie Senf."

„Kann schon sein", gibt Herr Michelsen zu. „Meinst du, wir kriegen ihn sauber?"

Frau Michelsen nickt. „Aber ich wasche ihn lieber mit der Hand. In der Waschmaschine löst er sich am Ende noch auf."

„Hmböh", macht Teddy Langohr. Was das heißt, kann man sich denken.

„Na gut", sagt Herr Michelsen. „Aber bis morgen Früh muss er trocken sein. Dann kommt er in Neles Osternest."

Frau Michelsen lächelt. „Da passt er gar nicht hinein. Er muss das Nest auf den Schoß nehmen."

Sie streicht Teddy Langohr noch einmal über den Kopf. Diesmal kümmert sie sich nicht um den Senf. „Er sieht wirklich komisch aus", sagt sie. Und nun lacht sie leise. „Aber ich glaube fast, Nele wird ihn gern haben."

Ihr Lachen tut Teddy Langohr ein bisschen weh. Doch ihre Worte tun ihm sehr wohl. Sie klingen fast wie ein Versprechen.

Auch als er wenig später unter lauter Seifenschaum im Waschbecken sitzt, behält er sie in seinem Kopf und seinem Herzen. Er denkt und fühlt sie auch noch, als er in ein Badetuch gerollt und regelrecht durchgeknetet wird.

Ganz zum Schluss wandert er noch für zehn Minuten in den Wäschetrockner. Nur in den Schongang. Da passt Frau

Michelsen auf. Unangenehm ist es trotzdem. Aber Teddy Langohr beißt die Zähne zusammen und sagt keinen Mucks. „Nele wird mich gern haben", wiederholt er bei sich, während die heiße Luft durch sein Fell wirbelt, „Nele wird mich gern haben."

Frühmorgens sitzt Teddy Langohr im Garten. Er sitzt unter einer Tanne mit tief herabhängenden Zweigen, auf dem Schoß ein Nest voll bunter und süßer Eier. Ringsum zwischen den Büschen, hinter der Hecke, unter dem Farnkraut und in den Blumenbeeten sind noch mehr Eier versteckt. Die Tulpen stehen stramm wie die Soldaten. Die Narzissen wiegen sich leise im Wind. Die Stiefmütterchen halten ihre Gesichter der Sonne entgegen. Oh, wie blau ist der Tag! Oh, wie lau ist die Luft!

Teddy Langohr wartet auf Nele. Wie sie wohl aussieht? Was sie wohl sagt, wenn sie ihn findet? Und ob sie ihn tatsächlich gern hat?

Er schaut ungeduldig den Weg entlang bis zum Haus. Dort rührt sich nichts. Ob Nele noch schläft? Ob sie am Ende eine Langschläferin ist? Aber wer kann denn an einem hellen Ostersonntag so lange schlafen?

Die Sonne blitzt in den Scheiben der Glastür hinter der Terrasse. Sie blitzt hin und her. Denn jetzt geht die Tür auf. Jetzt kommt ein kleines Mädchen heraus. Jetzt laufen zwei Füße in weißen Sandalen schnell über den Weg. In den Garten hinein. Schnurstracks auf die Tanne zu.

Teddy Langohr vergisst zu atmen und macht vor Spannung die Augen zu. Er hört einen Jubelschrei – und dann ein Lachen. Ach, so ein fröhliches, freundliches Lachen! Ein Lachen wie dieses hat er in seinem ganzen Leben noch nicht gehört.

Er holt tief Luft und öffnet die Augen. Da ist Nele! Sie hockt vor der Tanne und blickt durch die Zweige. Sie greift nach dem Osternest und stellt es achtlos ins Gras. Dann holt sie Teddy Langohr hervor. Sie nimmt ihn nicht bei den Ohren, sondern hält ihn unter den Armen. Sie hebt ihn hoch – und nun lehnt Stirn gegen Stirn.

„Fröhliche Ostern!", sagt Nele. Und nach einer kleinen Pause: „Wie bist du schön, Teddy Langohr!"

Hat sie das wirklich gesagt? Hat sie ihn wahrhaftig bei seinem Namen genannt? Nimmt sie ihn jetzt tatsächlich fest in den Arm? Und lässt sie ihn vielleicht nie wieder los?

Nele hat mich gern!, denkt Teddy Langohr. Das ist die Antwort auf alle Fragen. Und – oh, wie gern er Nele erst hat!

Sie ist das schönste kleine Mädchen der Welt. Und das liebste obendrein. Sie hat ein helles Gesicht mit vielen Sommersprossen über der Nase. Sie hat Augen wie blanke Bachkiesel, Lippen wie Kirschen und Haare wie gesponnenes Gold.

Nele und Teddy Langohr gehen jetzt Eier suchen – zwischen den Büschen, hinter der Hecke, unter dem Farnkraut und in den Blumenbeeten. Sie finden alle. Vier Augen sehen ja mehr als zwei.

Bärenstarke Gefühle

Frank Asch · Gina Ruck-Pauquèt

Der kleine Mondbär

Einmal, in einer Nacht, fühlte sich der kleine Bär einsam. Er ging hinaus und schaute zum Himmel empor. Da sah er den Mond. Er hatte ihn nie zuvor wahrgenommen. Und in dieser ganz besonderen Nacht verliebte sich der kleine Bär in den Mond.

Von da ab stand der kleine Bär jeden Abend auf der Stufe vor seinem Haus und blickte zum Mond hinauf. Der Mond sah schön aus und der kleine Bär bewunderte ihn sehr.

Als der kleine Bär aber merkte, dass der Mond sich veränderte, begann er sich Sorgen zu machen. Er kaufte sich eine Brille, um besser sehen zu können. Es stimmte: Der Mond wurde kleiner!

Der kleine Bär war beunruhigt. Jede Nacht war ein bisschen weniger vom Mond zu sehen. Würde er eines Tages ganz verschwunden sein? Vielleicht brauchte der Mond Hilfe, dachte er. Ich müsste versuchen, ganz nahe an ihn heranzukommen.

Der kleine Bär kletterte auf das Dach seines Hauses und streckte sich, so sehr er konnte.

Doch anstatt den Mond zu erreichen, rutschte der kleine Bär aus und fiel herunter.

Zum Glück konnte der Doktor im Krankenhaus den kleinen Bären wieder gesund machen.

Als ein paar Tage vergangen waren, durfte er nach Hause. Aber der kleine Bär musste immerzu an den Mond denken. Er sorgte sich sehr um ihn. Er hatte keine Lust mehr, mit seinen Freunden zu spielen. Und essen mochte er auch nicht.

So gingen die Tage dahin. Einmal schaute der kleine Bär in den Spiegel und sah, dass er sehr dünn geworden war. Plötzlich hatte er einen Einfall. Vielleicht isst der Mond auch nicht genug, dachte er. Möglich, dass er darum immer dünner wird!

In dieser Nacht stellte der kleine Bär ein Schälchen mit Honig für den Mond hinaus. Der kleine Bär träumte, dass der Mond dick und rund war. Es war ein schöner Traum.

Doch während der kleine Bär schlief, kamen die Vögel und pickten den Honig auf.

Am Morgen war die Schale leer. Und am folgenden Abend sah der Mond tatsächlich etwas größer aus. Nun wird alles wieder gut, dachte der kleine Bär und er freute sich.

Jeden Abend stellte der kleine Bär ein bisschen mehr Honig für den Mond hinaus. Der Mond wurde dick und dicker und der kleine Bär tanzte vor Freude.

Er ahnte nicht, dass die Vögel in den Nächten den Honig holten. Er sah nur den Mond. Und der Mond nahm zu.

Ich hab dem Mond geholfen, dachte der kleine Bär. Ohne mich wäre er schließlich verhungert. Aber weil er all seinen Honig verschenkte, aß er nun selber gar nichts mehr. Tag für Tag wurde der kleine Bär immer dünner und schwächer.

Natürlich merkten auch die Vögel, was mit ihm los war. Einer von ihnen wollte ihm alles über den Mond erzählen. Die anderen Vögel aber sagten:

„Nein! Mach das bloß nicht. Wenn der kleine Bär die Wahrheit kennt, wird er keinen Honig mehr hinausstellen."

Doch dem Vogel tat der kleine Bär so Leid, dass er trotzdem zu ihm hinflog.

„Armer, dummer Mondbär", zwitscherte er. „Hör zu: Den Mond braucht niemand zu füttern."

„Warum nicht?", fragte der kleine Bär.

„Weil er von ganz allein größer wird und kleiner und wieder größer und kleiner und immer so fort. Und wenn du wissen willst, wer deinen Honig gegessen hat – das waren wir!"

Von dem Tag an aß der kleine Bär seinen Honig wieder selber. Bald war er kräftig und gesund wie früher. Und der Mond wurde jede Nacht ein bisschen größer, bis er schließlich genauso rund war wie damals, als der kleine Bär ihn zum ersten Mal bemerkt hatte.

Immer noch war der kleine Bär in den Mond verliebt. Aber der Mond brauchte ihn nicht.

Wahrscheinlich weiß er nicht einmal, dass es mich gibt, dachte der kleine Bär betrübt. Doch als er eben anfing zu weinen, flog der Vogel herbei.

„Kleiner Bär", zwitscherte er, „du bist nicht einsam. Wir Vögel sind gern bei dir. Und wir brauchen dich."

Da begriff der kleine Bär, dass man nicht unbedingt den Mond zum Freund haben muss. Ein Freund kann auch ganz nahe sein, viel näher, als man denkt.

Renate Welsh

Ein sehr alter weißer Bär

Der weiße Bär saß seit vielen Jahren zwischen dem dunkelgrünen und dem gelben Kissen. Er wurde nur aufgehoben, wenn die Sofakissen ausgeschüttelt wurden.

Manchmal vergingen Wochen, ohne dass er eine Menschenhand spürte.

Der weiße Bär saß da und dachte an vergangene Zeiten. Wenn Regen in der Luft lag, spürte er die Naht im rechten Bein. Dort hatte ihn ein Hund erwischt. Das war dreißig Jahre her oder noch etwas länger. Der weiße Bär erinnerte sich genau, wie sein kleines Mädchen hinter dem Hund hergerannt war. Er erinnerte sich, wie sie geschrien hatte. Er erinnerte sich, wie sie in seinen weißen Bauch weinte. Und wie ihre Mutter die Holzwolle zurückstopfte in das Bein und die Wunde zunähte. Seither war das rechte Bein ein wenig dünner als das linke.

Seine rechte Pfote fehlte. Das war beim Karussellfahren passiert. Der weiße Bär war ins Gestänge geraten, als sein kleines Mädchen auf einem schwarzen Pferd ritt und in die Hände klatschte. An den Fußsohlen hatte der weiße Bär Lederflecke. Dort war der Stoff aufgegangen. Der weiße Bär wusste nicht wieso. Er war nie viel zu Fuß gegangen. Meist hatte ihn sein kleines Mädchen herumgeschleppt.

Er hatte oft gebrummt, wenn sie ihn einfach nachschleifen ließ. Jetzt konnte er schon lange nicht mehr brummen. Die Feder in seinem Bauch war irgendwann einmal gesprungen.

Sein kleines Mädchen kam ins Zimmer und setzte sich an den Schreibtisch, ohne den weißen Bären anzusehen. Er kränkte sich.

Eigentlich hätte er längst daran gewöhnt sein müssen. Aber er konnte sich nicht daran gewöhnen.

Er wäre gern hin und her gerutscht. Aber er war steif vom langen Sitzen. Er guckte vor sich hin.

Sein kleines Mädchen klapperte auf der Schreibmaschine. Ihre Ellbogen gingen auf und ab, auf und ab.

Sie war kein kleines Mädchen mehr.

Sie war eine Frau.

Sie hatte selbst Kinder.

Die hatten auch mit dem weißen Bären gespielt. Aber anders. Sie hatten mit ihm gespielt und ihn dann tagelang liegen gelassen. Einmal sogar in einer Pfütze. Davon stammten die dunklen Flecke und die kahlen Stellen in seinem Fell.

Und jetzt waren auch die Kinder schon groß und sahen ihn nicht mehr an.

Der weiße Bär hätte gern geseufzt.

Aber das konnte er nicht.

Er war nur traurig.

Er fühlte sich unnütz.

Niemand brauchte ihn.

Eines Tages kam ein fremder Junge zu Besuch. Der fremde Junge stieg auf das Sofa und holte alle Bücher vom Regal. Eines fiel dem weißen Bären auf den Kopf.

Der fremde Junge blätterte die Bücher so schnell durch, dass es klang, als rausche der Wind durch die Seiten.

Der fremde Junge drehte das Radio auf, dass es dröhnte.

Der fremde Junge rannte grölend durch die Wohnung.

Plötzlich klirrte irgendwo Glas.

Dann hörte der weiße Bär lautes Weinen.

Sein kleines Mädchen sprang auf und rannte hinaus.

Der weiße Bär hörte Wasser rinnen.

Er hörte, wie eine Schublade aufgerissen wurde.

Er hörte eine Schere schnappen.

Er hörte murmelnde Worte.

Dann kam sein kleines Mädchen zurück. Sie trug den fremden Jungen.

„Ich will zu meiner Mama!", schrie der fremde Junge.

„Das geht jetzt nicht", sagte das kleine Mädchen. „Das weißt du doch."

Sie legte den fremden Jungen auf das Sofa.

Er schluchzte laut.

Er hatte einen großen weißen Verband an der Hand.

Er zappelte und strampelte.

Der weiße Bär wurde hin und her geschüttelt.

Sein kleines Mädchen sagte zu dem fremden Jungen: „Ich habe jemanden für dich."

Sie hob den weißen Bären auf.

Sie fuhr über seinen kahlen Kopf.

„Der kann wunderbar trösten", sagte sie und legte den weißen Bären in die Armbeuge des fremden Jungen.

„Er hat mich immer getröstet, wenn ich traurig war."

Der fremde Junge sah den weißen Bären an.

„Was ist mit seiner Pfote?", fragte er.

Der weiße Bär mochte es nicht, wie ihn der fremde Junge ansah. Sein kleines Mädchen erzählte die Geschichte von der Pfote. Der fremde Junge hörte zu. Hin und wieder schnupfte er auf. Der

Bär hörte auch zu. Sein kleines Mädchen erzählte die Geschichte vom Bein. Und die von der kahlen Schnauze.

Der fremde Junge drückte den Bären an sich.

Der weiße Bär spürte die warme Haut des fremden Jungen.

Die kahle weiße Bärenschnauze kam in die Halsgrube des fremden Jungen.

Der fremde Junge fing an zu lachen.

„Das kitzelt ja!", sagte er und zappelte.

Der weiße Bär wurde wieder hin und her geschüttelt. Aber das war ganz anders als zuvor.

Sein kleines Mädchen sah ihn an, so wie sie ihn früher angesehen hatte. Ganz früher.

„Siehst du", sagte sie zu dem Jungen, „er mag dich, mein Bär. Ich muss jetzt in die Küche gehen, aber er bleibt bei dir."

Der Junge drückte den weißen Bären noch fester an sich.

Ich bin nicht mehr unnütz, dachte der weiße Bär.

Ich bin wieder nütz.

Ein Bär, der gebraucht wird.

Ein Bär, der trösten kann.

Robert Ingpen

Teddybären unter sich

Es raschelte in einer Ecke des Dachbodens. Dann hörte man ein leises Tapsen.
Mäuse?
Oh nein!

„Hallo! Was für ein Bär bist denn du?", fragte Brummel neugierig.
„Oh, hallo … ich bin … ich bin ein vergessener Bär", antwortete Teddy verstört.
„Und wie heißt du?"
„Ich heiße Teddy. Alle Bären wie wir heißen doch Teddy."
Brummel schaute Teddy an, überlegte eine Weile und sagte dann: „Fein, Teddy. Ich aber heiße Brummel. Und das schon seit vielen Jahren – glaube ich."
„Mich gibt es mindestens genauso lange", sagte Teddy hastig.
„Dann sind wir miteinander verwandt!", rief Brummel und tat, als wisse er das bereits seit Jahren.
„Wie kannst du so etwas sagen?", grübelte Teddy und sah Brummel mit großen Knopfaugen an. „Woher willst du das wissen?"

„Oh, ich weiß es eben. Schließlich hat jeder Verwandte, denke ich … auf jeden Fall dort, wo ich herkomme", sagte Brummel.
„Woher kommst du denn, Brummel?", fragte Teddy.
„Ich bin aus einer Idee entstanden", antwortete Brummel stolz.
„Aber Ideen sind doch nicht wirklich, Ideen sind nur erfunden", erwiderte Teddy aufgeregt. „Du musst doch irgendwoher kommen, um wirklich Verwandte haben zu können … du musst woanders herkommen!"
Das brachte Brummel nun doch etwas durcheinander.
Früher hatte Brummel oft auf dem Bett gesessen und … ja, jetzt erinnerte er sich wieder: Er konnte von dort hinaus auf die Straße sehen. Waren nicht alle, die zu Besuch kamen, von der Straße hereingekommen? Sicher war auch er irgendwann einmal von dort gekommen.
Deshalb erklärte er jetzt: „Ich komme von der Straße."
„Von der Straße?", staunte Teddy. „Von welcher Straße?"

„Na, eben von der, die ganz nahe an deiner Straße liegt", murmelte Brummel.

„Hm." Teddy sah Brummel unsicher an. „Und was passiert auf der Straße?"

„Das hängt davon ab", überlegte Brummel, nun völlig verwirrt, „das hängt davon ab, was da sonst noch passiert." Und er dachte: Vielleicht war es ja tatsächlich so?

„Oh bitte, erzähl!", bat Teddy und schaute Brummel gespannt an.

Brummel runzelte seine Teddybärenstirn und dachte angestrengt nach.

„Als ich jung war", begann er, „da wurde ich für vielerlei gebraucht – zum Spielen, zum Einschlafen, zum Schmu-sen ... ich war so wichtig, wie ein Teddybär nur sein kann!" Er machte eine Pause und fuhr dann fort: „Später wurde ich dann weggelegt – und wieder hervorgeholt und weggelegt und hervorgeholt und weg…"

„Wohin?", unterbrach ihn Teddy.

„In eine Schachtel."

„In was für eine Schachtel? In eine Teddybären-Schachtel?"

Teddy wollte genau wissen, wie es Brummel ergangen war.

„Ich weiß es nicht", sagte Brummel unsicher. „In eine Schachtel eben."

„Oh", flüsterte Teddy. Auch er erinnerte sich nicht gerne an den Tag, an dem man ihn einfach vergessen hatte.

„Kannst du brummen?", fragte Brummel.

„Ach, ich brummte für mein Leben gern! – Aber dann …", Teddy seufzte traurig, „dann konnte ich plötzlich nicht mehr brummen."

„Ich kann noch brummen", sagte Brummel stolz. „Zumindest glaube ich, dass ich noch brummen kann."

„Du weißt es nicht?" Teddy starrte Brummel entsetzt an. Das musste ein Teddybär doch wissen!

„Nun, das hängt davon ab", Brummel suchte verlegen nach Worten, „das hängt davon ab, was ich tue. Wenn ich *so* stehe, brumme ich manchmal!", sagte er und stand dabei Kopf, so gut er eben konnte.

Brummel kullerte zurück.

„Es hat etwas mit meinem Bauch zu tun, mein Brummen … aber mehr weiß ich auch nicht", brummelte er und versuchte erneut einen Kopfstand.

„Sehr leise, dein Brummen", meinte Teddy ein wenig eifersüchtig.

„Besser als gar kein Brummen", antwortete Brummel trotzig und probierte es noch einmal. „Früher, als ich jung war, da war ich voller Brummen."

„Ich bin voller Stroh", verkündete Teddy geradewegs.

Brummel schwieg. Gut, wahrscheinlich war auch er voller Stroh – wenn sie wirklich miteinander verwandt wären. Aber waren nicht auch Vogelscheuchen mit Stroh gefüllt? Sollte er etwa mit einer Vogelscheuche verwandt sein!? Oh, der Gedanke gefiel Brummel ganz und gar nicht; er ärgerte sich furchtbar darüber.

Mitten in Brummels Gedanken hinein sagte Teddy: „Hunde."

„Was ist mit Hunden?", fragte Brummel erschrocken.

„Hunde kommen doch von der Straße", meinte Teddy nachdenklich.

Natürlich, dachte Brummel und ihm fiel Charly wieder ein. Wann hatte er Charly wohl das letzte Mal gesehen?

„Es muss sehr lange her sein", grummelte Brummel vor sich hin.

„Was?", fragte Teddy.

„Es muss sehr lange her sein, dass ich Charly das letzte Mal gesehen habe … wo er wohl ist?"

„Charly wer?" Teddy brannte vor Neugier. Eine neue Geschichte?

„Charly Wuff, der Hund von nebenan."

„Oh", sagte Teddy und guckte mit seinen blanken Kulleraugen Löcher in die Luft.

Dann fragte Teddy: „Und warum trägst du diesen Verband?" Er betrachtete neugierig Brummels Hand. Brummel schaute traurig auf sein verbundenes Handgelenk.

„Ach, weil meine Pfote kaputt ist", meinte er.

„So wie mein Brummen", tröstete Teddy ihn. Und Teddy war glücklich: Auch Brummel hatte Fehler!

„Hm", murrte Brummel. Doch dann hatte er die Idee. „Es gibt mir ein wirklich echtes Aussehen", erklärte er erleichtert.

„Bitte was?", staunte Teddy.

„Der Verband um mein kaputtes Handgelenk", sagte Brummel. „Durch ihn", erklärte er weiter, „bin ich ein wirklicher Teddybär." Ja, einmal hatte ihm jemand liebevoll gedrückt, ihn bewundernd geschüttelt und dabei begeistert gerufen, er sei ein echter Teddybär.

„Was ist den ein echter Teddybär?", fragte Teddy.

„Na, einer, der echt ist", antwortete Brummel schlau.

Teddy guckte ein wenig verstört vor sich hin.

Brummel jedoch war zufrieden – selbst wenn er nicht erklären konnte, was das ist, ‚echt' …

„Ich bin ein vergessener Teddybär", sagte Teddy leise.

„Ja, ich weiß", meinte Brummel. „Du hast es mir erzählt."

„Willst du nicht wissen, was das ist – Vergessensein?"

„Nein", wehrte Brummel ängstlich ab. „Mein Besitzer hat mich einfach vergessen", erzählte Teddy unbeirrt weiter. „Deshalb bin ich hier – ein vergessener Teddybär."

Eigentlich hätte Brummel gern gewusst, wie das mit Teddy und dem Vergessensein war … Sollte er Teddy doch bitten, ihm die Geschichte zu erzählen? Brummels Herz klopfte so laut, wie ein Teddybärenherz nur klopfen kann. Vorsichtig rutschte er näher an Teddy heran …

Es war mucksmäuschenstill auf dem Dachboden. Aber wenn man ganz doll die Ohren spitzte, hörte man ein feines Wispern.

Mäuse?

Oh nein!

Josef Guggenmos

Warum der kleine Bär sieben Purzelbäume schlägt

Der kleine Bär machte einen kleinen Spaziergang früh am Morgen. Die Vögel sangen. An allen Zweigen blinkte und blitzte der Tau. Alles war fröhlich. Der kleine Bär war es auch.

Als der kleine Bär müde wurde, setzte er sich auf einen kleinen, runden Hügel, der war weich wie ein Kissen. Aber gleich sprang der kleine Bär wieder auf, ganz entsetzt. Er hatte sich auf einen Ameisenhaufen gesetzt.

Der kleine Bär ging weiter und war nur noch halb so froh. Er ging, bis ihn der Rücken juckte. Dann blieb er stehen und rieb seinen Buckel an einem Baum. Da rief von oben jemand: „He, du!" Auf dem Baum saß ein Eichhörnchen. Das schrie herab: „Lässt du's gleich bleiben, deinen Buckel an meinem Baum zu reiben!"

Der kleine Bär rief hinauf: „Warum? Davon fällt dein Baum noch lange nicht um!"

Aber das Eichhörnchen rief: „Marsch, fort, du Tropf! Sonst werf ich dir Tannenzapfen an deinen dicken Kopf!"

Da ging der Bär zu einem anderen Baum und rieb sich dort seinen Buckel.

Aber jetzt machte ihm das Buckelreiben keinen Spaß mehr.

Nichts auf der Welt machte dem kleinen Bären noch Spaß. Er ging nach Hause und ließ den Kopf hängen.

Als der kleine Bär so traurig nach Hause kam, fragte ihn der große Bär nach seinem Kummer.

Der kleine Bär erzählte, was ihm zugestoßen war.

Der große Bär sagte: „Das ist vorbei und vorüber, denk nicht mehr daran! Der Tag hat noch viele schöne Stunden."

Aber der kleine Bär ließ noch immer seinen Kopf hängen. Der war vor Ärger zentnerschwer.

Da sagte der große Bär: „Jetzt gib Acht!" Und er holte das dicke Arzneibuch herbei. Das hatte ein berühmter Bärendoktor vor hundert Jahren verfasst. Hatte er auch ein Mittel gegen Kopfhängen aufgeschrieben? Aber ja. Da stand es genau: MAN SCHLAGE SIEBEN PURZELBÄUME!

Der kleine Bär schlug sieben Purzelbäume im Moos. Da war er seinen Ärger los.

Gina Ruck-Pauquèt

Murmelbär

„Murmelbär ist ein lieber Bär", sagen die Tiere.

„Murmelbär ist ein guter Bär."

„Murmelbär tut alles, was man sagt."

Murmelbär ist ein leiser Bär. Er murmelt immer nur.

Murmelbär möchte gern Geige spielen. Und träumen. Aber die anderen lassen ihm keine Ruhe. Immer wollen sie was von ihm.

„Murmelbär, bürste mir mein Fell", sagt Franz-Leo Pard.

Franz-Leo Pard hat zwei Vornamen. Die anderen Parden heißen ja vorn nur Leo. Murmelbär bürstet Franz-Leo Pard das Fell.

„Murmelbär, hüte meine Kinder", sagt die Vollmondeule.

Die Vollmondeule ist nur bei Vollmond wach. Sonst schläft sie Tag und Nacht. Murmelbär hütet die Eulenkinder.

„Murmelbär, lauf!", sagen die Zwickzwackaffen. „Wir wollen auf dir reiten."

Und sie zwicken und zwacken Murmelbär. Murmelbär läuft.

„Murmelbär, bau mir ein Nest", sagt das Baumnashorn.

Es ist ein besonderes Nashorn, denn es schläft nur auf Bäumen.

Murmelbär baut ihm ein Nest und deckt es zu.

„Murmelbär, sing mir ein Schlummerlied. Ich will in deinem Fell schlafen", sagt die Brausemaus.

Die Brausemaus heißt Brausemaus, weil sie so gern Brause maust.

Murmelbär brummt ein Schlummerlied.

„Murmelbär, tanz mit mir", sagt das Trampelhampeltier.

Und es schwingt Murmelbär im Trampelhampeltanz und tritt ihm auf die Füße.

Murmelbär ist ein lieber Bär. Alle Tage ist er so, wie die anderen ihn wollen.

Er tut, was Franz-Leo Pard will.

Er tut, was die Vollmondeule will.

Er tut, was die Zwickzwackaffen wollen.

Er tut, was das Baumnashorn will.

Er tut, was die Brausemaus will.

Er tut, was das Trampelhampeltier will.

Nur was er selber will, tut Murmelbär nicht.

Murmelbär ist unglücklich. In der Nacht träumt er, dass er immer kleiner wird. So sehr schrumpft Murmelbär zusammen, dass Brausemaus größer ist als er.

Doch zum Glück ist es nur ein Traum. Am anderen Tag nimmt Murmelbär seine Geige und versteckt sich in einer Höhle. Aber seine Geige ist stumm. Und als er träumen will, sind alle seine Träume fort.

„Komm raus!", rufen die Tiere.

„Wen sollen wir zwicken?", rufen die Zwickzwackaffen.

„Wem soll ich auf die Füße treten?", ruft Trampelhampeltier.

„Wer soll mein Fell bürsten?", ruft Franz-Leo Pard.

„Wer soll mir ein Schlummerlied singen?", ruft Brausemaus.

„Wer soll meine Kinder hüten?", ruft die Vollmondeule.

„Wer soll mein Nest bauen?", ruft das Baumnashorn.

„Ich", murmelt Murmelbär. Murmelbär ist ein lieber Bär.

Nachts im Traum aber ist Murmelbär gemein und böse. Er ist groß und schwarz und fletscht die Zähne. Die Vollmondeule hat er schon verschluckt. Doch zum Glück ist es nur ein Traum. Murmelbär ist ein lieber Bär.

Alle Tiere machen mit ihm, was sie wollen. Bis Murmelbär nicht mehr mitmacht!

Murmelbär ist kein lieber Bär.

Murmelbär ist kein böser Bär.

Murmelbär ist Murmelbär.

Murmelbär holt seine Geige und spielt. Er findet seine Träume und träumt.

„Wie schön er spielt!", flüstern die Tiere. „Murmelbär ist ein großartiger Bär!"

Sie bürsten ihr Fell
Spielen ihre Spiele
Singen ihr Schlummerlied
Hüten ihre Kinder
Bauen ihr Nest
Tanzen ihre Tänze
SELBER

Und Murmelbär ist ihr Freund.

Winfried Wolf

Warum die Eisbären schwarze Nasen haben

Alle Eisbären sind weiß und leben in Eis und Schnee.

Weit und breit ist nichts: kein Baum, kein Strauch, höchstens ein Eskimohaus, und das ist auch aus Schnee. Kein Wunder, dass es so einem Eisbären ab und zu langweilig wird.

Dann macht er sich auf die Suche.

Tagelang tapst er über endlos weite, weiße Flächen. Wohin er auch schaut: Alles ringsum ist weiß.

Doch irgendwann richtet sich der Eisbär plötzlich auf.

Er hat einen schwarzen Punkt gesehen!

Der Eisbär läuft, läuft, der schwarze Punkt kommt immer näher, er wird größer. Und dann steht der Eisbär endlich einer Eisbärin gegenüber! Die beiden brüllen vor lauter Begeisterung. Sie heben die mächtigen Tatzen und legen sie einander zärtlich auf die Schultern.

Dann wiegen sich die beiden Eisbären sanft, als hörten sie eine geheimnisvolle Musik.

Und die großen Köpfe gehen hin und her.

Und aus der Ferne sieht man mitten im Weiß zwei schwarze Nasen tanzen.

Dietlind Neven-du Mont

Der Ameisenbär

Der Ameisenbär hat an jeder Pfote drei scharfe, spitze Krallen wie eine Gartenhacke, damit gräbt er den Ameisenhaufen auf, bohrt ein wenig mit seinem spitzen Rüssel, lässt seine lange Zunge in den Ameisenhaufen fahren, rollt sie zusammen und frisst die Ameisen auf, die an ihr kleben geblieben sind.

Eines Tages ging ein Ameisenbär im Urwald spazieren. Er blinzelte schläfrig, denn es war sehr heiß. Da sah er hoch oben an einem glatten Baumstamm eine besonders fette Ameise sitzen.

„Heute ist es zu heiß", brummelte der Ameisenbär, „aber an meinem Geburtstag werde ich dich auffressen!" Dabei ließ er seine lange, klebrige Zunge aus dem Maul fahren und schnalzte abscheulich mit ihr.

„Wann, wann hast du denn Geburtstag?", stotterte die Ameise und krabbelte noch ein Stück höher.

„Ich, Geburtstag?", gähnte der Ameisenbär. „In zwei Tagen, aber sicher denkt wieder kein Schwein an mich", und er ringelte sich an den glatten Baumstamm und schlief fest ein.

Die Ameise wartete, bis er ganz sicher und wirklich schlief, dann huschte sie den glatten Baumstamm hinunter und verschwand.

„Leute", sagte sie zu ihrer riesengroßen Ameisenfamilie, „der Ameisenbär hat übermorgen Geburtstag."

„Au fein", riefen die ganz kleinen Ameisen, die noch gar keine Erfahrung mit Ameisenbären hatten, „wir werden ihm eine Geburtstagstorte backen!"

Gesagt, getan, sie backten eine wunderschöne Torte, schrieben mit Zuckerguss:

Dem lieben Ameisenbären zum Geburtstag

und brachten sie dem Ameisenbären, an dessen Geburtstag wirklich kein Schwein gedacht hatte.

Der Ameisenbär kann Torten nicht ausstehen, aber er war so gerührt, dass ihm dicke Tränen die spitze Schnauze runterkollerten. Er musste schlucken und mit seiner klebrigen Zunge die tränennasse Schnauze lecken.

So kam es, dass der Ameisenbär an seinem Geburtstag glücklich, aber hungrig schlafen ging.

Wolf Erlbruch

Das Bärenwunder

Draußen vor der Bärenhöhle waren die Vögel schon eifrig mit Singen und Mückenfangen beschäftigt. Die jungen Birken hatten noch keine Blätter, aber der Wind, der mit ihren Zweigen spielte und ab und zu ihre dünnen Stämme ein wenig verbog, war schon ein richtiger Frühlingswind.

Der Bär war aus dem Winterschlaf erwacht und sein Magen knurrte gewaltig, denn wenn man fast ein halbes Jahr geschlafen hat, wacht man sehr hungrig auf.

Schon bald hatte er sich wieder dick und rund gefressen. An sonnigen Nachmittagen dachte er jetzt gern darüber nach, was für ein großer, starker Bärenvater er doch sein könnte.

Was man allerdings tun musste, um ein Bärenvater zu werden – so sehr er auch darüber nachdachte –, es wollte ihm nicht einfallen.

Am nächsten Morgen nahm er all seinen Mut zusammen und rief, so laut er konnte, in den Wald hinein:

„Kann mir jemand sagen, wie ich ein Kind bekomme?"

Wie aus dem Nichts tauchte der Hase vor ihm auf. „Wie bitte?", fragte er den Bären erstaunt und noch etwas außer Atem.

„Das weißt du nicht? Die Kinder, mein Bester, wachsen auf Rübenfeldern, immer zwischen zwei besonders kleinen Rüben. Wenn die Ohren weit genug aus der Erde gucken, kann man sie daran herausziehen. – Ganz vorsichtig natürlich."

Bevor er weitersauste, sagte er noch: „Es ist schon ein kleines Wunder, oder?"

Obwohl der Bär die Geschichte nicht so recht glauben konnte (schon wegen der Ohren), schaute er am nächsten Morgen auf einem Rübenfeld nach.

„Zwischen zwei besonders kleinen Rüben?", fragte die Elster entsetzt. „Dabei ist es so wunderbar einfach: Man legt ein Ei und brütet es aus."

Das war dem Bären auch nicht ganz geheuer, trotzdem machte er, nachdem er eine geeignete Stelle gefunden hatte, einen wild entschlossenen Versuch.

Kurz darauf fragte er den Lachs, so gut es unter Wasser ging. Der Lachs lächelte verschmitzt und sagte: „Man streut Zucker auf die Fensterbank und wartet auf den Storch."

Nun wusste der Bär nicht, was eine Fensterbank ist, wohl aber, wo der Storch zu finden war.

„Ein für alle Mal", sagte der etwas entnervt, „ich fange Frösche, wie du vielleicht siehst, und den Winter über bin ich in Afrika. Sonst nichts!"

Jetzt war der Bär richtig ein bisschen verzweifelt, als eine komische Wolke am Himmel vorbeisegelte. Da fiel ihm ganz plötzlich die Geschichte von der Bären-Wunder-Wolke ein, auf der die Bärenkinder herumtoben, bevor sie auf die Welt kommen. Seine Mutter hatte sie ihm früher immer erzählt und er hatte sie völlig vergessen.

„Wünschst du dir auch so sehr ein Bärenkind?", brummte es zart direkt an seinem Ohr.

Zuerst erschrak der Bär ein bisschen, aber als er sich umdrehte, schaute er einer reizenden Bärenfrau direkt in die Augen.

„Woher weißt du das?", fragte er sie völlig verblüfft.

„Weil du die Wolke so sonderbar ansiehst", lächelte sie und rückte ein Stückchen näher.

„Glaubst du die Geschichte?", fragte er sie.

Die Bärenfrau schüttelte sanft den Kopf.

Als sie dann aber sah, dass der Bär ganz unglücklich guckte, sagte sie schnell: „Wenn du nur ein bisschen mitmachst, könnten wir im nächsten Frühjahr ganz wunderhübsche Bärenkinder haben."

Und sie suchten sich ein weiches Plätzchen, irgendwo auf einer Lichtung, im hohen, hohen Gras.

Irina Korschunow

Pippo und der kleine Bär

Der kleine Clown hockte am Manegenrand und sah dem kleinen Bären zu.

Der kleine Bär war erst vor ein paar Tagen in den Zirkus gekommen. Vorher hatte er zusammen mit seiner Mutter und seiner Schwester im Zwinger gewohnt.

Seine Mutter war groß und warm und weich gewesen. Er konnte sich in ihr Fell kuscheln und trinken und schlafen. Auch seine Schwester war warm und weich gewesen und genauso klein wie er. Sie hatten zusammen gespielt und sich herumgerollt und mit den Tatzen Nasenstüber gegeben, und wenn sie genug davon hatten, waren sie zu ihrer Mutter zurückgetrottet.

Aber dann war der Zirkusdirektor in den Zwinger gekommen. Er hatte den kleinen Bären von seiner Mutter und Schwester fortgeholt. Er wollte einen Zirkusbären aus ihm machen.

Als Erstes sollte der kleine Bär lernen, auf einen roten Würfel zu klettern und wieder herunterzuspringen.

„Hopp!", rief der Direktor, „hopp!"

Aber der kleine Bär wollte nichts lernen. Er wollte zurück zu seiner Mutter. Er sehnte sich nach ihrem weichen, warmen Fell und nach ihrer feuchten Zunge, mit der sie ihm über das Gesicht gefahren war. Die halbe Nacht hatte er in seinem Verschlag gelegen und leise vor sich hin gejammert.

Jetzt hockte er vor dem roten Würfel, ließ den Kopf hängen und rührte sich nicht vom Fleck.

„Hopp!", rief der Direktor ärgerlich, und als der kleine Bär nicht einmal den Kopf hob, gab er ihm einen Klaps mit der Peitsche.

Der kleine Bär schüttelte sich. Er sah weiter zu Boden und jammerte leise. Wahrscheinlich sagte er in seiner Bärensprache: „Ich will nach Hause, ich will zu meiner Mutter."

Doch der Direktor verstand keine Bärensprache. Und wenn er sie verstanden hätte, wäre es dem kleinen Bären auch nicht besser ergangen. Der Direktor hatte viel Geld für ihn bezahlt. Der kleine Bär war sein Eigentum. Er sollte ihm gehorchen.

„Hopp!", befahl der Direktor noch einmal und hob die Peitsche. „Dir werd ich's zeigen!"

Wenn der Direktor wütend wurde, kannte er kein Erbarmen. Pippo, der immer noch am Manegenrand saß, wusste es. Er sprang auf und kam angerannt. „Halt!", rief er, „tun Sie ihm nichts! Er ist noch so klein."

So etwas hatte noch niemand gewagt. Der Direktor starrte Pippo an und ließ die Peitsche sinken. Er wurde knallrot vor Ärger.

„Was geht denn dich das an?", brüllte er. „Was fällt dir ein, mir Vorschriften zu machen? Mach, dass du weiterkommst, du hergelaufener Clown."

Er war drauf und dran, einen seiner Wutanfälle zu bekommen, vor denen sich alle im Zirkus fürchteten. Aber Pippo blieb trotzdem bei dem kleinen Bären stehen. „Pass auf, Bärchen", sagte er. „Ich mach dir ein paar Sprünge vor. Vielleicht wirst du dann munterer."

Er schlug Purzelbäume und schnitt Grimassen, er sprang wie ein Affe durch die Manege und kullerte wie ein Ball. Es nützte nichts. Der kleine Bär sah nicht einmal hin. Er ließ den Kopf hängen und jammerte.

„Er ist bockig!", sagte der Direktor wutschnaubend. „Schluss mit dem Blödsinn. Er braucht die Peitsche."

„Nein, er ist nicht bockig. Er ist traurig."

Und der kleine Clown Pippo hockte sich neben den kleinen Bären auf den Boden und fing an, ihn zu kraulen. Er kraulte ihn hinter den Ohren – da hob der kleine Bär den Kopf. Er kraulte seinen Rücken – da fing der klein Bär leise an zu brummen. Und als Pippo ihm beide Arme um den Hals legte, da kuschelte sich der kleine Bär an seine Schulter. Denn dort fand er es beinahe so warm und gemütlich wie bei seiner Mutter.

„Kleiner Bär", murmelte Pippo, „guter, kleiner Bär."

Nach einer Weile stand er auf und ging zu dem roten Würfel. Er kletterte hinauf und sah den kleinen Bären an.

„Na, komm, kleiner Bär", lockte er, „komm."

Der kleine Bär brummte. Er stand ebenfalls auf. Er hob die Vordertatze und krabbelte hinter Pippo her. Als er oben war, sprang Pippo von dem roten Würfel herunter.

„Hopp, kleiner Bär, spring!", rief er.

Und der kleine Bär sprang.

Von diesem Tag an war der kleine Bär nicht mehr traurig.

Immer, wenn er Pippo sah, kam er angetapst, kuschelte sich in seinen Arm, ließ sich kraulen und brummte zufrieden. Mit der Zeit vergaß er seine Mutter und seine Schwester. Und weil er alles, was Pippo tat, nachmachte, lernte er bald viele Kunststücke: über den roten Würfel springen, auf einem Brett wippen, sogar Roller fahren. Er wurde ein richtiger Zirkusbär, ganz ohne die Peitsche des Direktors.

„Du bist mein kluger, kleiner Bär", sagte Pippo und kraulte ihn hinter den Ohren.

„Ja", nickte der Direktor. „So einen klugen Bären gab es bei uns noch nie."

Und dann sagte er: „Wie gut, dass wir den kleinen Clown Pippo haben."

Ursula Fuchs

Flohmarkt

„Justus, hast du denn immer noch nicht genug Zeitung gelesen?", fragt Bär.
Nein, Justus hat noch nicht genug gelesen. Obwohl er schon den ganzen Vormittag liest.
Ist das denn nicht langweilig?
Für Justus nicht. Es gibt da interessante Sachen in der Zeitung. Zum Beispiel, dass heute in der Stadt auf dem Königsplatz ein Flohmarkt ist.
Flohmarkt? Bär sitzt gleich bei Justus auf der Sessellehne.
„Werden auf dem Flohmarkt denn Flöhe verkauft?"
Natürlich nicht. Auf dem Flohmarkt können die Leute ihre alten Sachen verkaufen. Schuhe, Kleider, Bücher, Bilder, Fahrräder, Spiele.
„Prima." Bär freut sich. „Dann können wir ja auf den Flohmarkt gehen und uns die alten Sachen von den Leuten kaufen."
Justus meint aber, sie haben selber genug altes Zeug. Sie können von ihren alten Sachen noch verkaufen.

Bär schaut sich um. Will Justus vielleicht das Sofa verkaufen? Oder den Sessel mit den Ohren, in dem sie sitzen?
Das will Justus nicht.
Aber auf dem Boden unterm Dach steht noch viel altes Gerümpel herum. Da können sie ja mal nachsehen. Bär und Justus stapfen die Treppe hoch.
Auf dem Boden ist es dämmrig. Die schmale Fensterluke lässt nicht viel Licht herein.
Bär hält sich an Justus' Hose fest.
Er soll doch mal die Lampe anmachen. Eine Lampe gibt es da oben auf dem Boden nicht.
Aber eine Kiste. Die ist groß. Was da wohl drin ist?
Das weiß Justus auch nicht.
Er hebt den Deckel. Der knarrt.
„Kannst du was sehen?", flüstert Bär.
Sehen kann Justus nicht. Nur fühlen.
Was fühlt er denn?
Etwas Weiches!
„Was Weiches? Sind da vielleicht faule Äpfel in der Kiste?"

Nein, nein. Das, was Justus fühlt, ist aus Fell. Es hat zwei Beine, zwei Arme, einen dicken Bauch, einen runden Kopf und zwei weiche, kleine Ohren.

„Das, das, das muss ein Bär sein", sagt Bär.

„Ja", sagt Justus. „Es ist mein Teddybär."

„Dein Teddybär?"

Ja, der Teddybär von früher. Als Justus kleiner war, hat er ihn immer mit ins Bett genommen. Das war sehr schön.

„Mich hast du aber noch nie mit ins Bett genommen", sagt Bär.

Das stimmt nicht. Erst gestern hat er sich bei Justus die kalten Füße unter der Decke gewärmt.

Na ja, gestern Abend. – Ob denn noch mehr Teddys in der Kiste sind?

Nein, Justus hatte nur den einen.

„Dann können wir ja gleich auf den Flohmarkt gehen und den Teddy verkaufen", sagt Bär. Justus braucht ihn doch nicht mehr. Weil Bär doch jetzt bei ihm ist.

Justus will aber noch nicht auf den Flohmarkt. Zuerst muss die Kiste runter ins Wohnzimmer. Die ist voll mit Spielzeug. Sein altes Spielzeug.

Bär und Justus schleppen die Kiste runter.

Kasperlepuppen sind in der Kiste, Autos, bunte Holzklötze, ein Puppenherd. Und Teddy.

Mit dem Teddy hat Justus, als er klein war, Vater und Kind gespielt.

Justus war der Vater. Teddy das Kind. Auf dem Puppenherd hat Justus Essen gekocht für Teddy.

Manchmal auch Pfannekuchen, in der kleinen silbernen Pfanne.

Die haben sie gegessen, von den weißen Tellerchen.

„Spielst du heute auch Vater und Kind mit mir?", fragt Bär.

Wenn Bär möchte.

Ja, Bär möchte. Er ist der Vater und er backt Pfannekuchen. Braune, knusprige Pfannekuchen. Für Justus mit Äpfeln drauf. Für Bär mit Zimt und Zucker und für Teddy mit Honig.

Bär füttert Teddy.

Der liegt später in seinen Armen und ist müde.

„Schlaf, Kindchen, schlaf", singt Bär und küsst den Teddy mitten auf den Bauch.

Da brummt der Teddy.

„Kann er heute Nacht bei mir im Bett schlafen?", fragt Bär.

„Wolltest du ihn denn nicht ganz schnell auf dem Flohmarkt verkaufen?", fragt Justus. Er sitzt auf dem Teppich und baut mit den Klötzen einen Turm.

Verkaufen! Verkaufen will Bär den Teddy nicht mehr, wo der doch jetzt sein Kind ist. Was Justus sich denkt!

„Aber vorhin auf dem Dachboden, da hast du ihn verkaufen wollen."

„Vorhin", sagt Bär. „Vorhin, da war ich ja auch noch nicht sein Vater."

Mirjam Pressler

Bärengeburtstag

Timmi nörgelt und weint, als er ins Bett gebracht wird. „Ich will auch Geburtstag haben", mault er. „Warum nur Beate? Ich will auch."

„Du hast im Juli Geburtstag", sagt die Mutter. „Und jetzt ist April."

Beate steht an der Tür und schaut zu, wie ihre Mutter versucht Timmi zu beruhigen. Er kapiert es einfach nicht. Beate ist heute großzügig und mitfühlend. Ihre Gäste sind gerade weggegangen. Es ist ein schöner Tag gewesen.

Beate geht in ihr Zimmer. Im Bett fällt ihr wieder ein, wie traurig Timmi war. Am nächsten Tag verlangt sie von ihrer Mutter eine Spende. „Für Timmis Seelenleben", sagt sie und ihre Mutter wirft ihr einen seltsamen Blick zu.

Nach der Schule kauft Beate Gummibärchen und eine Blechtrompete. Dann geht sie nach Hause und wickelt die Sachen in buntes Geschenkpapier, bevor sie ihre Freundin Susi anruft. „Und vergiss Kalla nicht", sagt sie noch und legt auf.

Um drei Uhr kocht Beate Kakao und deckt den Tisch in Timmis Zimmer. Für fünf Personen. Auf einen Teller legt sie die beiden Päckchen. Auf Timmis neugierige Fragen antwortet sie nicht.

„So", sagt sie zu Timmi, als es klingelt. „Mach die Tür auf."

Das tut er. Beate setzt inzwischen Wampus, Timmis Teddy, auf den

Ehrenplatz. Timmi kommt mit Susi herein, die ihren Teddy Kalla unter den Arm geklemmt hat. Sie setzt ihn auf den Stuhl neben Wampus. „Herzlichen Glückwunsch zum Geburtstag", sagt Susi und schüttelt Wampus die Pfote. „Hier, ich habe dir auch was mitgebracht." Sie legt ein Päckchen neben den Teller.

Timmi schaut Susi und Beate mit großen Augen an. Dann versteht er und fängt an zu lachen. „Wampus hat auch im April Geburtstag. Ich erst im Juli." Glücklich packt er die Päckchen aus.

In Susis Päckchen sind ein paar einzelne Filzschreiber. Was macht es schon, dass einige schon ausgetrocknet sind? Beate hat Wampus eine Trompete geschenkt. Aus Blech. Timmi lutscht zwei Gummibärchen ab und pappt Wampus und Kalla je eines zwischen die Lippen.

„Das war eine Schnapsidee", sagt der Vater abends, als Timmi schon im Bett liegt.

Und die Mutter sagt: „Timmis Seele geht es ganz gut, aber mir ist heute fast das Trommelfell geplatzt."

Bär staunt

Jürgen Spohn

Viel

Das ist die
alte Melodie
Wer findet
wen und wo
und wie
Suchen ist
ein Bärenspiel
Und wer
viel sucht
der findet
viel

Margret Rettich

Der kleine Bär reißt aus

Ein kleiner Bär lebte mit Bärenvater und Bärenmutter im Wald in einer Bärenhöhle. Bärenvater sorgte für Leckerbissen, Bärenmutter kannte lustige Spiele. Wenn der kleine Bär müde wurde, nahm ihn Bärenvater in den Arm. Bärenmutter brummte ihn leise in den Schlaf.

Der kleine Bär hatte es wirklich gut, aber er war unzufrieden. Er wollte nicht immer in der Bärenhöhle sein. Er wollte sich einmal die weite Welt an gucken.

Doch Bärenvater und Bärenmutter erlaubten es nicht. Der kleine Bär war ja noch viel zu klein. Sie erklärten ihm, dass in der weiten Welt viele Gefahren auf kleine Bären lauern.

Kleine Bären kann der Wind wegwehen. Auf kleine Bären können Bäume fallen und sie erschlagen. Kleine Bären können im Fluss ertrinken. Kleine Bären können auch verhungern oder verdursten. Oder in den Abgrund stürzen. Und dann können kleine Bären hinfallen und sich sehr wehtun.

Darum war es gut, dass Bärenvater und Bärenmutter den kleinen Bären nie allein ließen und immer beschützten. Das sah der kleine Bär auch ein.

Doch dann riss er einfach mal aus.

Zuerst musste der kleine Bär durch den Wald. Der Wind wehte und die Bäume rauschten. Doch der Wind wehte den kleinen Bären nicht weg. Und kein Baum fiel um und erschlug den kleinen Bären. Der kleine Bär war sehr stolz, als er heil aus dem Wald herauskam.

Hinter dem Wald war ein Fluss. Der kleine Bär lief am Ufer entlang und wäre gern auf die andere Seite gekommen. Schließlich entdeckte er im Wasser ein paar große Steine. Auf denen turnte er vorsichtig hinüber. Der kleine Bär war sehr stolz, weil er nicht im Fluss ertrunken war.

Aber der kleine Bär war durstig geworden. Er hockte sich hin und trank so viel Wasser aus dem Fluss, wie er konnte. Der kleine Bär war stolz, weil er nicht verdurstet war.

Hinter dem Fluss war eine Wiese. Der kleine Bär legte sich ins Gras und ruhte sich aus. Sein Magen knurrte. Fast wäre er jetzt verhungert. Dann sah der kleine Bär, wie die Bienen aus den Blüten Honig saugten. Er probierte es auch. Es war sehr mühsam. Doch der kleine Bär war stolz, als er satt war.

Hinter der Wiese war ein Berg. Der kleine Bär kletterte hoch. Er war sehr stolz, weil er dabei nicht in den Abgrund purzelte.

Oben auf dem Berg guckte er sich um. Der kleine Bär konnte nun die ganze weite Welt sehen. Er hatte nicht geahnt, dass die weite Welt so klein war. Der Wald war klein, der Fluss war klein und auch die Wiese war klein. Plötzlich sah er zwei winzige Bären. Sie kamen aus dem Wald heraus. Dann wateten sie durch den Fluss. Und nun rannten sie über die Wiese.

Als der kleine Bär genauer hinsah, erkannte er Bärenvater und Bärenmutter. Beide waren viel, viel kleiner als er. Auf so kleine Bären lauern viele Gefahren. Der kleine Bär musste darum Bärenvater und Bärenmutter sofort beschützen. Er rannte den Berg hinunter, so schnell er konnte. Er rannte und rannte und rannte. Dann stolperte er und fiel der Länge nach hin. Das tat sehr weh. Zum Glück waren Bärenvater und Bärenmutter da.

Bärenvater nahm den kleinen Bären in den Arm und trug ihn heim. Bärenmutter lief hinterher und brummte leise. Da schlief der kleine Bär schon unterwegs ein. Und er träumte von der weiten, winzig kleinen Welt.

Achim Bröger

Kleiner-Bär macht Musik

Den ganzen Tag war es heute heiß gewesen. Kleiner-Bär hat keine Tatze vor die Höhle gesetzt. Aber jetzt am Abend ist es schön kühl geworden und Kleiner-Bär sagt: „So, Papa-Bär und Mama-Bär, ich lauf los, will noch ein bisschen raus."

„Aber bleib nicht zu lange, es ist schon ziemlich spät", brummen die Eltern.

Kleiner-Bär nickt und geht los. Hat nichts mitgenommen, nur sich selber. Er setzt Tatze vor Tatze und brummt freundlich vor sich hin.

Kleiner-Bär tatzt in den Bach. Dort springt er auf glatte, große Steine. Springt von einem zum anderen. Nur so.

Dann frisst Kleiner-Bär Blaubeeren, eine ganze Schnauze voll. Und als Nachtisch frisst er Himbeeren, auch eine ganze Schnauze voll. Davon wird seine Schnauze erst schön blau, danach schön rot. Wie geschminkt sieht Kleiner-Bär aus.

Weiter und weiter trottet er. Riecht an Blumen. Sieht mal dies, mal das. Sieht aber bald immer weniger, denn es wird dunkler.

Da bleibt Kleiner-Bär stehen und brummt leise: „Wo bin ich? Ich hab mich verlaufen."

Macht nichts, denkt er. Ich ruf einfach meinen Rabenfreund. Der wird mir den Weg von hier nach Hause zeigen.

Sehr laut brummt Kleiner-Bär los: „Räb!" Aber der Rabe antwortet nicht. Kleiner-Bär geht ein Stück weiter und brummt noch lauter. Wieder antwortet der Vogel nicht.

Inzwischen ist die Nacht in den Wald gekommen. Sie hat dem kleinen Bären fast alles Licht genommen und auch der Mond versteckt sich hinter Wolken.

Äste knacken unter den Tatzen vom kleinen Bären. Plötzlich stolpert er. Hoppla! Was liegt denn hier rum?

Er hebt ein Ding auf und in dem Moment blinzelt der Mond zwischen zwei Wolken durch. Schickt etwas Licht, bescheint das Ding. Das glänzt. Hat ein paar Beulen und oben und unten eine Öffnung. Außerdem fasst es sich metallisch kühl an.

Im Mondlicht erkennt Kleiner-Bär, dass er mal wieder in die Nähe des

Waldrandes gekommen ist. An eine Stelle, wo er noch nie war. Aber auch hierhin werfen die Menschen Dinge, die sie nicht mehr brauchen, wie zum Beispiel das glänzende Metallding.

Ob ich's brauchen kann?, überlegt Kleiner-Bär. Er hält es ans Auge und sieht durch. Erkennt aber nichts. Dann wirft er es hoch und fängt es auf. Das geht gut. Doch dazu ist es bestimmt nicht gemacht worden.

Schließlich tatzt Kleiner-Bär ein wenig und sehr freundlich gegen das Ding. Danach setzt er es mit einer Öffnung an seine Lippen und bläst rein.

Da kommt ein Ton raus. Verirrt klingt der. Klingt wie: Ich hab mich verlaufen.

Überrascht bläst Kleiner-Bär noch mal ins Blechding. Dabei denkt er an seinen Rabenfreund. Bläst weiter und weiter und laut und lauter. Und es kommen immer mehr und immer neue Töne. Wunderbar klar klingen sie durch den Nachtwald.

Und wieder klingen sie nach: Ich hab mich verirrt! Sie klingen aber auch nach: Komm, hilf mir! Ich brauch dich, Freund!

Kleiner-Bär steht mit dem Metallding in der Pfote da. Hört den Tönen nach. Dazu staunt er, denn das Ding hat genau gesagt, was Kleiner-Bär gedacht und vor allem gefühlt hat. In eigenen und schönen Tönen hat es das gesagt. In einer eigenen und schönen Sprache.

Die hat Kleiner-Bär noch nie gehört und trotzdem gleich verstanden.

Ruhig ist es jetzt. Aber nur kurz, denn durch die Dunkelheit rauscht etwas näher. Kleiner-Bär hört Flügel schlagen.

Schon landet sein Rabenfreund auf einem Ast über ihm. „Ich hab dich gehört", krächzt er. „Du hast mich so seltsam schön gerufen."

Kleiner-Bär erzählt dem Raben vom Ding, das er gefunden hat. Im Mondlicht zeigt er es ihm dann auch. Dazu brummt er: „Prima, dass du gekommen bist, Räb. Ich hab mich verirrt. Das ist doof. Aber dabei bin ich über das Ding zum Reinblasen gestolpert. Das ist gut."

„Ich zeig dir den Weg", krächzt Räb und sie gehen los. Na ja, eigentlich geht nur Kleiner-Bär, Räb fliegt. Natürlich nimmt Kleiner-Bär das Ding mit. Ganz vorsichtig trägt er es.

Erst mal machen die beiden aber noch einen Umweg zur Biegung am Fluss. Dort wohnt nämlich eine, die sich mit Sachen auskennt, die Menschen wegwerfen.

Als sie ankommen, kniet sich Kleiner-Bär vor die geheime Schublade in der Uferböschung. Es ist die einzige hier und sie ist gut versteckt. Kleiner-Bär flüstert seinem Rabenfreund zu: „Hoffentlich schläft sie noch nicht."

Eben will er gegen die Schublade klopfen. Da hören sie von drinnen eine

klapprige Stimme: „Nein, nein, ich schlafe noch nicht. Holt mich nur raus und guten Abend."

Kleiner-Bär zieht die Schublade auf. Und da steht die alte Schreibmaschine. Auch die hat er mal am Waldrand gefunden. Kleiner-Bär tatzte damals freundlich drauf und pustete drüber. Da hat sie begonnen mit ihm zu reden. Na ja, früher hat sie nur geschrieben. Jetzt klappert sie laut herum und sie weiß viel von den Menschen.

Kleiner-Bär stellt die alte Schreibmaschine auf einen großen Stein am Ufer. Neugierig guckt Räb zu und der Mond auch. Und der beleuchtet das alles, wie mit einer riesigen Taschenlampe.

Jetzt zeigt Kleiner-Bär der Maschine, was er gefunden hat. „Das ist eine Trompete", klappert sie. „Die Menschen machen Musik damit. Das ist ziemlich schwierig. Man muss viel üben."

„Wirklich?", fragt Kleiner-Bär. Nun setzt er das Ding an die Schnauze. Dabei denkt er daran, wie gut es ist, dass sie hier am Plätscherfluss zusammen sind. Sein Rabenfreund, die Trompete, die alte Schreibmaschine und er. Das alles bläst er ins schimmernde, verbeulte Metallding. Bläst und bläst. Töne kommen heraus, eine Melodie. Die klingt merkwürdig schön. Leise und warm und gut erzählt sie, was Kleiner-Bär hineinbläst. Und er weiß jetzt, dass diese Sprache Musik heißt.

Schließlich setzt er die Trompete ab. Niemand sagt etwas, bis die alte Schreibmaschine losklappert: „Was du spielst stimmt, Kleiner-Bär. Aber woher kannst du das?"

„Ich weiß nicht", brummt Kleiner-Bär. „Vielleicht hilft mir die Trompete dabei."

Räb flattert zu ihm. Er setzt sich auf seine Schulter und schnäbelt ihm ins Ohr: „Bist ein toller Musikbär."

„Wusste ich gar nicht", antwortet Kleiner-Bär. „Aber es freut mich sehr."

Wieder setzt er die Trompete an die Schnauze. Dieses Mal bläst er seine Freude rein, dass er ein toller Musikbär ist. Die Bäume und Sträucher auf der anderen Seite des Flusses sehen aus wie stille Zuhörer. Und auf dem Fluss glitzern Wellen.

Der Rabe hat sich nah bei der Schreibmaschine auf einen zweiten großen Stein gehockt. Erst mal hören die beiden der Musik zu. Als Kleiner-Bär seine Freudenmelodie leiser bläst, klappert die alte Schreibmaschine plötzlich den Takt. Macht das sehr gut. Und Räb breitet die Flügel aus, bewegt sie wie ein Dirigentenrabe. Jetzt rauscht das Flügelschlagen zusammen mit den Trompetentönen und dem Klappern der Schreibmaschine.

Da schwimmt etwas in der Mitte des Flusses. Kommt näher. Ein kleines Floß treibt im Mondlicht. Auf dem hocken ein Fuchs und eine Gans.

Die zwei steigen ans Ufer und die Musikanten hören auf zu spielen. Jetzt ruft die Gans: „Hallo, wir sind ein geheimes Liebespaar und mit unserem Floß unterwegs. Wir haben eure Musik gehört. Sie klingt schön. Dürfen wir zu euch kommen?"

„Gerne", brummt Kleiner-Bär. Ein seltsames geheimes Liebespaar ist das, denkt er. Aber heute ist sowieso alles seltsam. Erst verlaufe ich mich. Dann kann ich Trompete spielen und jetzt feiern wir ein Musikfest.

Das geheime Liebespaar zieht sein Floß ein Stück auf das Ufer und es setzt sich zu den anderen.

„Spiel was, Kleiner-Bär", bittet der Rabenfreund. In dem Augenblick hören sie ein tiefes „WABADU!".

Wer hat das gerufen? Und was heißt das? Heißt das vielleicht: „Ich bin auch da!"?

Sie sehen sich um. Aber da sind nur der Fuchs, die Gans, Räb, die alte Schreibmaschine und Kleiner-Bär mit seiner Trompete.

Halt! Im Baum am Ufer zwischen zwei dicken Ästen leuchtet der Mond. Das sieht aus, als wollte er da ausruhen und ihnen zuhören.

Kleiner-Bär fragt den Mond: „Hast du ‚WABADU' gerufen?" Aber der Mond antwortet nicht. Sitzt kullerrund und still zwischen den dicken Ästen.

Da klappert die Schreibmaschine plötzlich: „Ich habe für einen besonderen Abend noch etwas Leckeres aufgehoben. Es liegt in meiner Schublade ganz hinten rechts."

Räb trippelt hin und findet einen Karton Waffeln. „Honigwaffeln", klappert die Schreibmaschine. „Bedient euch."

„Ich möchte lieber keine, denn davon wird man bestimmt fett", schnattert die Gans. Alle anderen nehmen sich Honigwaffeln. Kleiner-Bär sogar mehrere. Da sitzen sie nun an der Flussböschung und knuspern Waffeln.

Später bläst Kleiner-Bär wieder in die Trompete. Bläst zum Plätschern und Murmeln des Wassers. Ein leises Flusslied wird das. Dazu rauscht Räb mit seinen Dirigentenflügeln. Die Schreibmaschine klappert musikalisch, die Gans singt und der Fuchs auch. Eine seltsame Band ist das am Ufer und sie musiziert noch lange zusammen.

Schließlich bläst Kleiner-Bär in die Trompete, dass der Abend schön war und er nach Hause muss. Die anderen verstehen das sofort. Und wieder hören sie: „WABADU!"

„Ich glaub, das heißt: ‚Ich muss auch los‘“, brummt Kleiner-Bär. Er sieht zum Mond zwischen den Ästen. Der ist inzwischen rausgerollt und ein Stück weitergezogen.

Das geheime Liebespaar besteigt sein Floß wieder. Pfote in Flügel fährt es los.

Und die alte Schreibmaschine wird in ihrer Geheimschublade verstaut. Zum Abschied klappert sie: „Tschüss, Kleiner-Bär. Bist ein prima Trompeter.“

„Danke“, brummt Kleiner-Bär. Dann zieht er mit seinem Rabenfreund los Richtung Bärenhöhle.

„Das war sogar ein besonders schöner Abend“, krächzt Räb.

„Ja“, brummt Kleiner-Bär. „Ganz zufällig wurde er das. Und eigentlich nur, weil ich mich verlaufen habe. Weißt du, Räb“, meint er noch, „die zufällig schönen Abende sind die schönsten.“

In der Nähe der Bärenhöhle fliegt der Rabenfreund in den dunklen Himmel davon, erst mal Richtung Mond.

Der kleine Bär trottet weiter. Seinen Blechlöffel nimmt er schon aus dem Stirnband. Dort steckt er immer. Das ist praktisch, denn Kleiner-Bär könnte ja überall was zu futtern finden. Dann braucht er den Löffel.

Gleich wird's zu Hause leckeres Essen geben, denkt Kleiner-Bär. Darauf freut er sich.

Plötzlich fällt ihm ein: Auweia! Es ist ja richtig spät geworden. Die Eltern haben aber doch gesagt, ich soll bald zu Hause sein. Hoffentlich krieg ich wirklich was zu futtern und nicht das Fell voll.

Kleiner-Bär geht noch einige Schritte. Da steht er vor der Bärenhöhle. Die Trompete in der einen Tatze, den Löffel in der anderen.

Seine Eltern stehen sehr groß vor ihm. „Hallo!“, brummt Kleiner-Bär.

„Hallo, Kleiner-Bär“, brummen sie und fragen: „Sag mal, wer hat die schöne Musik bei uns im Wald gemacht? Wir haben sie ganz leise bis hierher gehört.“

„Ich war das“, brummt Kleiner-Bär. „Mit der da … und mit meinen Freunden.“ Jetzt zeigt er seinen Eltern die Trompete und sagt: „Weil ich so lange Musik gemacht habe, komme ich auch so spät. Verlaufen habe ich mich außerdem.“

„Musst du uns alles erzählen“, brummen Papa-Bär und Mama-Bär.

„Mach ich“, brummt Kleiner-Bär. Seinen Blechlöffel steckt er erst einmal ins Stirnband zurück. Dann setzt Kleiner-Bär die Trompete an die Schnauze. Er bläst lange rein und er spielt seinen Eltern vor, was er heute erlebt hat.

Schöne Töne spielt Kleiner-Bär, und die werden zu einer schönen Melodie. Seine Eltern hören ihm dabei erstaunt und begeistert zu. Sie verstehen, was er ihnen so erzählt. Und ihre Augen leuchten in der Dunkelheit.

Jürgen Spohn

Mit oder ohne

Fragt einmal
ein Honigbär
einen andern
Honigbär
wie das wär
wie das
ohne Honig wär
Wär da
vielleicht
kein Honig mehr
wär
das Leben
sehr, sehr
leer

Józef und Piotr Wilkón

Kleiner großer Bär

Als die Eisbärenmutter aus ihrem langen Mittagsschlaf erwachte, war ihr kleiner Sohn nirgends zu sehen.

Verschlafen hob sie den Kopf, schaute nach links, schaute nach rechts, schaute hinter sich.

„Wo bist du denn, mein Kleiner?", rief sie und wartete darauf, dass er hinter einem Schneehügel zum Vorschein käme. In letzter Zeit verschwand er oft, um ihr zu zeigen, wie groß er schon war.

Seufzend stellte sich die Bärin auf die Hinterbeine und ließ ihren Blick umherschweifen. Vor ihr dehnte sich die weite Schneelandschaft bis zum Meer. Wo war der kleine Ausreißer nur wieder hingelaufen?

Sie konnte ihn nirgends entdecken. Dann aber bemerkte sie eine frische Spur: Kleine Fußstapfen führten zu einem niedrigen Hügel ganz in der Nähe.

„Aha, wir spielen unser altes Spiel", lachte die Eisbärin. „Du hast dich versteckt. Na warte, gleich hab ich dich", brummte sie und rannte auf den Hügel zu.

„Ich weiß, was du jetzt machst. Diesen Trick habe ich dir schließlich selbst beigebracht!"

Wenn ein Eisbär sich im Schnee unsichtbar machen will, deckt er Augen und Nase mit seinen Tatzen zu.

„Bald wirst du dich verraten", freute sich die Bärenmutter, „so lange kannst du gar nicht still sitzen!"

Und tatsächlich sah sie gleich darauf in einer dunklen Höhle etwas Weißes schimmern.

„Gefunden, gefunden!", triumphierte die Eisbärin und trabte los.

Aber in der Höhle saß nur eine kleine Schneeeule, die sich eifrig ihr Gefieder putzte.

„Hast du meinen kleinen Sohn gesehen?", fragte die Eisbärenmutter.

„Hier ist er nicht", krächzte die Eule unwirsch. „Er wird da hinten am Meer herumklettern."

„Allein am Meer?", überlegte die Eisbärenmutter. „Das würde er nie ohne meine Erlaubnis tun."

Nachdenklich ging sie weiter. An einem Abhang kugelten drei weiße Schneebälle übereinander.

„Da ist er ja, er spielt mit seinen Freunden", murmelte die Bärin erleichtert. „Das hätte er mir aber sagen müssen!" Doch beim Näherkommen sah sie, dass drei junge Eisfüchse im Schnee herumtobten. Als sie die Eisbärin bemerkten, liefen sie schnell davon.

„Jetzt hört der Spaß aber auf", schimpfte die Bärenmutter vor sich hin.

Sie war inzwischen auf dem Eis angekommen.

„Hast du meinen kleinen Sohn gesehen?", fragte sie verärgert das kleine Schneehuhn.

„N...nein, wirklich nicht", stotterte das Huhn erschrocken und trippelte davon.

„Sicher badet er mit den anderen Bären", schnarrte die vorbeifliegende Elfenbeinmöve aus der Luft.

„Aber ich habe ihm streng verboten alleine so weit wegzulaufen", rief die Eisbärin der Möwe hinterher.

Am Meer planschten viele kleine Eisbären unter der Aufsicht ihrer Eltern im Wasser herum. Übermütig sprangen sie in ein Eisloch, schwammen unter Wasser weiter und tauchten an einer ganz anderen Stelle wieder auf.

„Habt ihr meinen kleinen Sohn gesehen?", fragte die Eisbärin besorgt.

Die Bäreneltern schüttelten bedauernd den Kopf: „Nein, bei uns war er nicht."

Auf einer Scholle döste ein altes Walross.

„Hast du meinen kleinen Sohn gesehen?", fragte die Bärin atemlos.

„Vielleicht ist er mit den jungen Bären hinaus ins offene Meer geschwommen", bellte das Walross und gähnte herzhaft.

„Das hat er noch nie gemacht", sagte die Eisbärenmutter mit zitternder Stimme. „Dazu ist er doch viel zu klein."

„Auch kleine Bären werden mal größer", sinnierte das Walross und schloss die Augen.

Beunruhigt lief die Eisbärenmutter weiter. Die Abstände zwischen den Eisschollen wurden immer größer und die Eisschollen immer kleiner. Aus dem dunklen Meer schwappte Wasser über die Füße der Bärin. Sie rannte immer schneller.

Die Bärin stürzte sich ins Wasser und suchte den Meeresboden ab.

Er kann noch gar nicht richtig schwimmen, dachte sie voller Angst und fragte einen vorbeiziehenden Schwarm Fische: „Habt ihr meinen kleinen Sohn gesehen?"

Die überraschten Fische glotzten sie mit runden Augen an, ließen ein paar Luftblasen aufsteigen und wedelten stumm mit ihren Flossen.

Erschöpft tauchte die Eisbärenmutter wieder auf und schaute lange über das Meer.

Ihr Sohn blieb verschwunden.

Keiner hatte ihn gesehen.

„Hoffentlich ist ihm nichts passiert!", jammerte sie verzweifelt. „Er ist mein einziges Kind und ich habe nicht genug darauf aufgepasst!"

Traurig trottete die Eisbärin zurück.

Und wenn der Kleine nun hinter einer Schneewehe eingeschlafen war?

Vielleicht konnte sie ihn von der Bergspitze aus sehen?

Mit letzter Kraft schleppte sich die Eisbärin den Berg hinauf.

Auf dem Gipfel saß – ihr kleiner Sohn und betrachtete den Himmel.

Schon hob sie verärgert die Tatze – da erinnerte sie sich plötzlich, wie sie vor langer Zeit als Kind mit ihrer Mutter Verstecken gespielt hatte.

Damals hatte sie zum ersten Mal das Polarlicht gesehen.

Sie hatte einfach geschaut und gestaunt.

„Mama, sieh mal, wie schön das leuchtet!"

Lächelnd ließ sie die erhobene Tatze sinken.

„Ja, mein Großer – wunderschön!"

Hans de Beer

Kleiner Eisbär, komm bald wieder

Am Nordpol gibt es nur Eis und Schnee. Lars, dem kleinen Eisbären, gefiel das. Er liebte es, im Schnee herumzutollen, auf Eisberge zu klettern und wieder hinunterzurutschen.

Doch am liebsten lag Lars im Wasser und ließ sich von den Wellen treiben. So auch heute.

Nach den fröhlichen Spielen spürte Lars Hunger. Er wollte nach Hause. Als er dem Ufer zuschwamm, hielt ihn plötzlich etwas fest. Er kam nicht mehr vorwärts, wie sehr er sich auch anstrengte. Und bald konnte er nichts mehr sehen, denn rings um ihn waren Fische. Dann gab es einen Ruck.

Mit hunderten von Fischen war Lars in einem großen Netz gefangen und in die Luft gehoben worden.

Das Netz wurde in den Bauch des Schiffes geleert. Lars zappelte wie wild, bis er über die zahllosen Fische hinwegschauen konnte. Wie kam er da bloß heraus? Nirgends gab es eine Öffnung. Da entdeckte Lars eine Leiter und kletterte rasch hoch. Er lief einen dunklen Gang entlang. Endlich kam er zu einem kleinen runden Fenster. Er schaute hinaus: nichts als Wellen und dunkle Nacht. Lars sehnte sich nach Eis und Schnee, wo er zu Hause war.

Lars tappte weiter durch den Gang. Irgendwo musste es doch einen Weg ins Freie geben! Endlich roch er frische Luft. Er rannte los, doch plötzlich raschelte es hinter ihm. Erschrocken drehte er sich um. Zwei leuchtende Augen starrten ihn an.

Lars rannte davon und versteckte sich an Deck. Da hörte er über sich eine freundliche Stimme: „Du musst keine Angst haben vor mir. Ich bin Nemo, die Schiffskatze."

Lars sah ein Tier mit rotem Fell und einem langen Schwanz. Da verlor Lars alle Angst und setzte sich erleichtert hin.

„Ich bin Lars, der kleine Eisbär, und ich muss sofort nach Hause. Vater und Mutter machen sich Sorgen um mich",

begann er und erzählte, wie er auf das Schiff gekommen war.

„So rasch wird das nicht möglich sein, Lars", antwortete die Katze. „Wir sind schon weit weg vom Nordpol. Aber mach dir keine Sorgen. Sobald wir im nächsten Hafen sind, treffen wir meine Freunde, die Schiffskatzen. Eine davon lebt sicher auf einem Schiff, das zum Nordpol fährt. Die wird dich bestimmt mitnehmen. Aber jetzt versteckst du dich besser. Es darf dich hier niemand sehen."

Erst als es finstere Nacht war, kroch Lars wieder an Deck. Zusammen schauten sie über das endlose Wasser. Sie erzählten einander aus ihrem Leben. Bald schlief Lars neben Nemo ein.

Eines Nachts entdeckte Lars plötzlich viele kleine Lichter am Horizont.

„Das ist der Hafen", sagte Nemo.

Noch in derselben Nacht schlichen sie über den Laufsteg an Land. Es war totenstill.

„Hoffentlich sieht uns niemand", flüsterte Nemo besorgt. Doch Lars verstand ihn nicht, sein Herz pochte viel zu laut vor Aufregung.

Lars und Nemo gingen am Ufer entlang. Puh, wie war das Wasser hier schmutzig! Da wollte Lars lieber nicht drin schwimmen. Leise schlichen sie durch die Gassen und Hinterhöfe. Auch Lars war bald dreckig. Wehmütig dachte er an sein weißes Zuhause.

Lars ging hinter Nemo her. Es war nicht leicht für ihn, der Katze zu folgen, denn sie mussten viele Hindernisse überwinden. Noch nie zuvor war Lars auf einer Mauer gegangen!

„Wir sind da", sagte Nemo plötzlich und sprang voraus. Lars zögerte. Aus dem Dunkel schauten ihn so viele funkelnde Augen an.

„Komm, Lars, hab keine Angst. Meine Freunde tun dir nichts", rief Nemo. Als Lars näher kam, sah er sich einer ganzen Menge Schiffskatzen gegenüber. Sie schauten ihn neugierig an. Keine hatte je einen Eisbären gesehen. Nemo erzählte seinen Freunden nun von Lars' ungewolltem Abenteuer.

„Lars möchte ganz schnell wieder nach Hause an den Nordpol. Wer von euch fährt dorthin?"

Eine schwarz-weiße Katze meldete sich.

„Oh, Johnny, das ist fein", sagte Nemo.

Jetzt, da es auf die Heimreise ging, rannte Lars übermütig voraus. Auf einer breiten Straße wurde er von einem Lastwagen erschreckt. Von nun an lief Lars schön hinter den Katzen her.

„Lieber Nemo, leb wohl!", sagte Lars traurig, als sie beim Schiff angelangt waren.

„Komm schnell", unterbrach Johnny, „sonst sieht dich jemand, und dann kommst du nie an deinen Nordpol!"

Lars rannte los. Doch mitten auf der Laufplanke drehte er sich noch einmal um und blickte zu Nemo hinunter: „Leb wohl, Nemo!"

Er hörte nur ein trauriges „Miau!".

Jede Nacht stand Lars an der Reling und hielt Ausschau nach Land. Endlich, nach drei Tagen, sah er einen weißen Streifen am Horizont. Dieser wurde immer größer.

„Johnny, schau! Schnee und Eis! Da bin ich zu Hause!", rief Lars freudig. „So weiß sah ich früher aus!", fügte er lachend hinzu.

Als das Schiff Anker warf, wurde Lars ganz zappelig. „Ich werde hinunterspringen und an Land schwimmen", meinte er. Aber Johnny riet ihm, an der Ankerkette hinunterzugleiten und keinen Lärm zu machen.

„Ade, Johnny, und vielen Dank!", rief Lars, als er über die Reling kletterte. Dann rutschte er hinunter ins Wasser und schwamm vergnügt dem Ufer zu. Das Meerwasser wusch Lars wieder weiß. Fröhlich jagte er durch den Schnee nach Hause.

„Vater! Mutter! Ich bin's, ich bin zurück!", rief er von weitem und rannte direkt in Mutter Eisbärs Arme. Aufgeregt erzählte er von seiner ungewollten Reise auf dem Schiff und von Nemo.

„Schaut, so sieht Nemo aus", lachte Lars und stellte sich wie eine Katze vor die staunenden Eltern.

Diese Nacht schliefen sie alle drei dicht beisammen.

Lars nahm seine fröhlichen Spiele bald wieder auf. Doch Vater Eisbär sah ihn oft am Rand des Eises sitzen und aufs Meer hinausblicken.

„Nach was hältst du Ausschau?"

„Nach einem Schiff und nach einem Freund", sagte Lars und lächelte.

85

Ute Lasch

Ein Bär geht durchs Land

Habt ihr schon gehört
Hast du's schon gelesen
sogar im Fernsehn ist's gewesen:
ein Bär
kommt her!
Durch den Wald
ganz leise: – tapp –
komme ich den Berg herab.
Waldarbeiter machen Pause,
sitzen grad bei ihrer Jause
einer schaut den Hang hinauf
oben taucht was Braunes auf.
Er schaut einmal, zweimal, schreit:
„Da, da oben, gar nicht weit!!!"
Voller Schrecken alle flitzen
und der Platz, wo sie sonst sitzen
ist jetzt leer,
denn der Bär
kommt her.
Lang schon war ich ohne Fressen
endlich hab ich was gegessen.
Wurst, Papier und Brot und Hut,
das war gut!
Eine lange Fahrt schon hat
hinter sich Familie Schratt.
Sie wolln heute noch nach Haus,
denn die Ferien sind aus.

Die Kinder schlummern und
Mutter denkt:
gut, dass Vater jetzt das Auto lenkt.
Plötzlich hart der Wagen steht.
„Mutter, Kinder, seht dort – seht!!"
Ach, zu glauben fällt es schwer
auf der Straße steht ein Bär –
ganz lebendig – und voll Schreck
denken alle: weg, nur weg
denn der Bär
kommt her.
Was ist das denn für ein Tier?
Stinkend steht es da vor mir.

Vorne faucht es
hinten raucht es,
will man es fressen,
dann dreht es sich um
und ist gleich wieder weg
ach – ist das dumm
brumm brumm.
Fast ein Monat ist vergangen
noch hat man ihn nicht gefangen.
Beinah täglich man berichtet,
wird er irgendwo gesichtet.
Er hat zwar keinem was getan,
doch vielleicht fängt er bald an.
Er nähert sich der Hauptstadt jetzt
und alle Menschen sind entsetzt
und es ruht fast der Verkehr –
denn der Bär
kommt her.
Ach, mein Fell ist schon ganz zottig
immer immer weiter trott ich.
Find ich einen Platz zum Schnaufen
jagt man mich und ich muss laufen,
knurren tut mein Bauch
und müde bin ich auch.
Die paar Äpfel fress ich noch
dann leg ich mich ins Loch
und von diesem Fleck
kriegt mich keiner weg!
Auch heute kommt, wie jeden Morgen,
ihren Garten zu besorgen
die Frau Gruber um ihr Eck –
und setzt sich gleich und
hin vor Schreck:
„Kinder, Kinder – kommt doch her –
in unserem Garten liegt der Bär!"

„Müssen wir ihn denn vertreiben,
kann er denn bei uns nicht blieben?"
Ach, ihr kennt die Antwort schon,
Frau Gruber greift zum Telefon:
Bitte wer
holt den Bär?
Seitdem ich damals losmarschiert
ist mir wirklich viel passiert.
Schießen wollt man mich und jagen
und der Hunger! Nicht zu sagen!
Da hab ich mich zu allerletzt
müde in ein Loch gesetzt.
Alles was ich dann noch weiß:
finster wurd es mir und heiß.
Doch nach all den magern Wandertagen
fress ich nun hier mit Behagen
Gemüse, Fleisch und Beeren roh,
bin jetzt satt und froh –
im Zoo.

Else Holmelund Minarik

Der kleine Bär fliegt zum Mond

„Ich habe einen neuen Fliegerhelm. Ich fliege los zum Mond", sagte der kleine Bär zu Mutter Bär.

„Was tust du?", fragte Mutter Bär.

„Ich will zum Mond hinauffliegen", sagte der kleine Bär.

„Fliegen?", sagte Mutter Bär. „Du kannst nicht fliegen."

„Vögel fliegen doch auch", sagte der kleine Bär.

„Oh ja", sagte Mutter Bär. „Das tun sie, aber sie fliegen nicht bis zum Mond. Und du bist schließlich kein Vogel."

„Vielleicht fliegen manche Vögel doch bis zum Mond, wer weiß? Und vielleicht kann ich fliegen wie ein Vogel", sagte der kleine Bär.

„Nur vielleicht", sagte Mutter Bär. „Du bist ein kleiner, dicker Bär und hast keine Flügel und keine Federn. Vielleicht plumpst du recht schnell wieder herunter, wenn du losfliegst."

„Vielleicht", sagte der kleine Bär. „Aber jetzt muss ich gehen. Wenn du mich suchst, bin ich dort oben am Himmel."

„Komm aber heim zum Mittagessen", sagte Mutter Bär.

Der kleine Bär dachte sich: Ich will irgendwo hinaufklettern, und dann mache ich einen Sprung hoch hinauf in den Himmel und fliege weit, weit, weit. So schnell fliege ich dann, dass ich nichts mehr sehen kann. Darum mache ich die Augen zu.

Der kleine Bär kletterte auf einen Hügel, und oben auf dem Hügel kletterte er auf einen Baum, und oben auf dem Baum machte er die Augen zu und sprang los.

Plumps!, fiel er auf den Boden und rollte den ganzen Hügel hinunter. Dann setzte er sich auf und schaute umher.

„So, so", sagte er. „Jetzt bin ich also auf dem Mond. Der Mond sieht ja genauso aus wie die Erde. Schön, schön", sagte der kleine Bär. „Die Bäume hier sehen aus wie Erdenbäume. Und die Vögel sehen aus wie Erdenvögel. Und sieh einmal das", sagte er. „Das ist ja ein Haus, das sieht genauso aus wie mein Haus. Ich will einmal nachsehen, wer wohl hier wohnt. Und sieh einmal da", sagte der kleine Bär. „Da ist etwas zu essen auf dem Tisch. Ein gutes Mittagessen für einen kleinen hungrigen Bären."

Da kam Mutter Bär herein und sagte: „Aber wer ist denn das? Bist du vielleicht ein Bär von der Erde?"

„Ja, das bin ich", sagte der kleine Bär. „Ich bin auf einen kleinen Hügel geklettert und bin von einem Baum gesprungen und hierher geflogen, genau wie ein Vogel."

„So, so", sagte Mutter Bär. „Mein kleiner Bär hat genau das Gleiche getan. Er hat den Fliegerhelm aufgesetzt und ist zur Erde geflogen. Komm, iss du sein Mittagessen."

Da schlang der kleine Bär seine Arme um Mutter Bär. Er sagte: „Mutter Bär, du machst ja nur Spaß. Du bist meine Mutter Bär und ich bin dein kleiner Bär und wir sind auf der Erde, das weißt du doch genau. Kann ich jetzt mein Mittagessen haben?"

„Ja", sagte Mutter Bär, „und dann machst du dein Mittagsschläfchen. Denn du bist mein kleiner Bär, das weiß ich."

Gina Ruck-Pauquèt

In jedem Wald ist eine Maus, die Geige spielt

In einem sehr kleinen Wald wohnte einmal ein sehr kleiner Bär. Mit ihm lebten eine Maus, ein Eichhörnchen und ein Rabe. An sonnigen Tagen spielte die Maus auf einer winzigen Geige und der Bär tanzte dazu. Und nachts schliefen sie alle und schnarchten. Jeder in einer anderen Tonart. Es hätte ruhig so bleiben können, denn es war sehr schön. Aber leider geschah etwas Unerwartetes: Der Bär wuchs. Zuerst wurde er nur ein kleines bisschen größer, und das wäre ja nicht so schlimm gewesen. Aber dann wurde er noch ein bisschen größer und noch ein bisschen, und da war er schon ziemlich groß.

„Hör auf zu wachsen!", sagte die Maus. „Es wird eng im Wald."

„Ich kann nicht aufhören", entgegnete der Bär unglücklich.

Tatsächlich wuchs er wieder ein Stück.

„Du bist viel zu groß!", schimpfte das Eichhörnchen. „Wenn du hustest, wackeln die Bäume."

Und der Rabe flog nur noch in der Luft herum, weil unten kein Platz war.

„Es muss etwas geschehen!", jammerte die Maus. „Ich kann die Beine nicht mehr ausstrecken."

Aber der Bär wurde immer noch größer.

Als er endlich aufhörte zu wachsen, war er so groß, dass er an allen Seiten aus dem Wald herausquoll. Und wenn es regnete, wurde er nass.

„Du musst ausziehen", sagten die anderen Tiere.

Und der Rabe, der alles von oben betrachtete und der daher einen Teil der Welt übersah, meinte: „Jenseits der Stadt liegt ein großer Wald. Dahin solltest du gehen."

Da küsste der Bär der Maus die Pfote, winkte dem Eichhörnchen und dem Raben zu und machte sich auf. Er ging sehr langsam. Und manchmal blieb er stehen und seufzte:

„Ich armer, brauner Bär,
brumm, brumm,
ich ziehe heimatlos herum.
Mein Herz ist mir so furchtbar schwer.
Zur Geige tanz ich nimmermehr."

Die Spatzen, die in den Bäumen saßen, lachten über ihn. Spatzen sind manchmal albern. Der Bär aber trottete weiter, bis er in die Stadt kam.

„Bitte, wo geht es zum großen Wald?", fragte er einen Mann mit einem Fahrrad.

„Guten Tag, Herr Bär", entgegnete der Radfahrer freundlich. „Steigen Sie auf!"

Da schwang sich der Bär hinten aufs Fahrrad und der Mann radelte los. „Links ist der Fledermausturm!", rief er, „und rechts der Krötenfluss! Ich zeige Ihnen die ganze Stadt."

Aber der Bär wollte die Stadt nicht sehen, und so stieg er an einer Kreuzung unbemerkt ab. Der Polizist hielt alle Autos zurück, damit der Bär die Straße überqueren konnte. Die Leute zogen die Hüte, und manche schüttelten dem Bären die Pranke. Einfach so, im Vorbeigehen.

„Wo geht es zum großen Wald?", fragte der Bär eine Frau.

„Oh", sagte die Frau, „wie schön, Sie zu treffen!"

Und sie hakte den Bären unter und nahm ihn mit zum Damenkränzchen. Da saß der Bär auf einem Plüschsofa mit Fransen und es gab Buttercremetorte und Tee. Aber obschon ein honiggelber Wellensittich fröhliche Lieder sang, war der Bär sehr unglücklich. Und aus der Tasse trinken konnte er auch nicht. So machte er sich vorsichtig auf die Tatzen und sprang zum Fenster hinaus. Er kletterte an einer Laterne empor und schaute sich um. Aber den großen Wald konnte er nirgends entdecken.

„Hallo, Herr Bär!", riefen ein paar Leute. „Sie sind eingeladen. Wir feiern ein Fest!"

Und sie zerrten ihn mit. Da musste der Bär mit ihnen tanzen und die Musik spielte dazu. Alle waren fröhlich, nur der Bär nicht.

„Wo geht es in den großen Wald?", fragte er.

Doch die Leute lachten nur und ein Mädchen steckte ihm eine Blüte ins Fell. Da pustete der Bär die Kerzen aus und machte sich in der Dunkelheit davon. Lange lief er durch die nächtlichen Straßen.

„Wo liegt der große Wald?", rief er. „Wo liegt der große Wald?"

Aber er bekam keine Antwort. Der Bär wurde sehr traurig. Er war der traurigste Bär der Welt. Und das will schon etwas heißen, denn auf der Erde gibt es mindestens hunderttausendunddrei Bären. Er setzte sich an den Kröten-

fluss und machte die Augen zu. Wenn man nämlich die Augen schließt, bleibt die Welt draußen, und das ist manchmal sehr angenehm.

Im Krötenfluss schwamm der Mond. Vielleicht war es auch nur das Spiegelbild des Mondes. Und ein paar Sterne schwammen da auch. Den einen schluckte ein Fisch. Der Bär saß ganz ruhig da. Er bemerkte nicht einmal die Nachtfalter, die um seine Nase tanzten …

„Guten Abend, Bär!", rief da plötzlich jemand.

Es war ein kleiner Junge in einem Nachthemd. Er hockte sich neben den Bären und spielte ein bisschen auf seiner Mundharmonika.

„Wohnst du hier?", fragte er dann.

„Nein", brummte der Bär. „Ich suche den großen Wald. Aber ich werde ihn niemals finden."

„Der große Wald ist nicht weit", meinte der Junge. „Bei der nächsten Laterne rechts, dann fünfundfünfzig Schritte links und immer geradeaus."

Da umarmte der Bär den kleinen Jungen. Ganz vorsichtig natürlich. Bären sind ja furchtbar stark und kleine Jungen ziemlich zerbrechlich.

„Ich danke dir!", rief er. „Ich danke dir. Lebe wohl!"

Und er machte sich auf den Weg.

Als der Bär in den großen Wald kam, traf er ein Eichhörnchen und einen Raben. „Es ist wie zu Hause", sagte der Bär, und er war sehr glücklich. „Aber gibt es auch eine Maus, die Geige spielt?"

„In jedem Wald ist eine Maus, die Geige spielt", entgegneten die beiden. „Man muss sie nur finden."

Da ging der Bär in den grünen, dunklen Wald hinein und begann zu suchen.

Ingrid Uebe

Der kleine Brüllbär ist krank

Eines Morgens mochte der kleine Brüllbär sein Frühstück nicht. Das war höchst ungewöhnlich. Die Mutter sah ihn besorgt an. Sie hatte ihm Milch und ein Honigbrot hingestellt. Das mochte er sonst sehr gern. Jetzt schnupperte er nur daran und ließ beides stehen.

„Was ist los, kleiner Brüllbär?", fragte die Mutter. „Trink doch und iss!"

„Uaah!", brüllte der kleine Brüllbär. Doch er brüllte leiser als sonst. Es klang ziemlich kläglich.

„Ich mag nicht trinken! Ich mag nicht essen! Die Milch riecht sauer! Der Honig riecht bitter!"

Die Mutter schüttelte den Kopf. Sie sagte: „Aber das stimmt nicht, kleiner Brüllbär. Ich habe beides probiert!"

„Stimmt doch!", antwortete der kleine Brüllbär. „Hast du gar nicht probiert!"

Die Mutter legte ihm ihre Pfote auf die Nase. „Sie ist ganz heiß", stellte sie fest. „Du hast sicher Fieber und gehörst ins Bett."

„Uaah!", brüllte der kleine Brüllbär. „Nein, ich will nicht ins Bett! Ich bin ja eben erst aufgestanden."

„Dann geh ein bisschen hinaus!", sagte die Mutter. „Frische Luft tut dir vielleicht auch gut."

Der kleine Brüllbär ging in den Garten. Er legte sich in die Sonne. Aber die war ihm zu heiß. Dann legte er sich in den Schatten. Aber dort war es ihm zu kalt. Schließlich ging er wieder ins Haus. Die Mutter fegte die Stube.

„Spielst du mit mir?", fragte der kleine Brüllbär.

„Jetzt nicht", sagte die Mutter. „Ich habe zu tun."

„Uaah!", brüllte der kleine Brüllbär. Aber mehr fiel ihm nicht ein.

„Tut dir vielleicht etwas weh?", fragte die Mutter.

„Ja", brüllte der kleine Brüllbär. „Mein Kopf und mein Hals und überhaupt alles!"

„Das hättest du gleich sagen sollen", meinte die Mutter. Dann steckte sie ihn

95

ins Bett. Der kleine Brüllbär brüllte nicht mehr. Er brummte nur noch ein bisschen. Er war froh, dass er im Bett lag.

Die Mutter stopfte dem kleinen Brüllbär drei Kissen in den Rücken und deckte ihn gut zu. Dann brachte sie ihm ein Bilderbuch.

„Du sollst hier bleiben!", sagte der kleine Brüllbär.

„Lass mich nur noch die Stube fertig kehren!", antwortete die Mutter. „Danach komme ich wieder."

„Uaah!", brüllte der kleine Brüllbär.

Da steckte sie ihm schnell das Fieberthermometer in den Mund und er schwieg still. „Schön drin lassen!", mahnte die Mutter. „Ich bin gleich wieder da."

Der kleine Brüllbär lehnte sich in die Kissen zurück. Das Bilderbuch sah er nicht an. Er war viel zu schwach und alles tat weh.

Der kleine Brüllbär machte die Augen zu. Aber er schlief nicht. Er hatte einen Fiebertraum.

Sein Durst und die Hitze waren ganz schrecklich. Er bäumte sich auf.

„Aber kleiner Brüllbär", sagte die Mutter, „du hast ja dein Bett ganz durcheinander gewühlt."

Der kleine Brüllbär seufzte tief. Der Traum war vorbei, aber Hitze und Durst waren geblieben.

Die Mutter nahm dem kleinen Brüllbär das Thermometer aus dem Mund.

Sie sagte erschrocken: „Du hast hohes Fieber. Ich rufe den Doktor."

„Uaah!", brüllte der kleine Brüllbär. Er brüllte ganz heiser. „Nein, nicht den Doktor! Den kann ich nicht leiden."

„Aber kleiner Brüllbär", sagte die Mutter, „Doktor Rabe ist ja sehr klug und er wird dir bestimmt helfen."

Sie trat ans Fenster und machte es auf. Unter dem Dach wohnten Herr und Frau Schwalbe mit ihren vier Kindern. Die Mutter rief hinauf: „Hallo, Herr Schwalbe! Wären Sie wohl so nett, Doktor Rabe zu holen? Unser kleiner Brüllbär ist krank."

„Gewiss!", rief Herr Schwalbe. „Gewiss!" Eilig flog er davon.

Die Mutter holte dem kleinen Brüllbär ein großes Glas kühlen Himbeersaft aus der Küche. Das trank er in einem Zug leer.

Die Mutter setzte sich an sein Bett. Sie fragte: „Soll ich dir etwas erzählen?"

„Ja", sagte der kleine Brüllbär, „etwas von früher, als ich noch klein war!"

Er kannte alle Geschichten von früher, doch er bekam nie genug davon. Also erzählte die Mutter von der Zeit, als er noch ein winziger Brüllbär gewesen war und nicht einmal „uaah" sagen konnte. Nur „uääh, uääh" hatte er gemacht, das allerdings schon ziemlich laut. Als er dann laufen lernte, hatte er immer seine vier Pfoten durcheinander gebracht, die rechten und die linken, die vorderen und die hinteren …

An dieser Stelle klopfte es ans Fenster. Das war Doktor Rabe! Die Mutter machte ihm auf.

„Guten Tag, kleiner Brüllbär!", sagte der Doktor. „Nun, wie geht es dir denn?"

Der kleine Brüllbär antwortete nicht. Er brüllte nicht einmal. Doktor Rabe sah ihm in die Augen und in den Hals. Er fühlte ihm den Puls und horchte an seiner Brust.

Dann sagte er: „Es ist nur eine starke Erkältung."

Die Mutter atmete auf.

Doktor Rabe sprach weiter: „Übrigens komme ich eben von deinem Freund, dem kleinen Brummbär. Der hat die gleiche Krankheit wie du. Habt ihr gestern vielleicht etwas angestellt?"

„Nein", sagte der kleine Brüllbär, „nur ein bisschen im Bach gestanden."

„Soso", sagte der Doktor. „Aber der Bach ist doch sehr kalt."

„Ja", sagte der kleine Brüllbär, „wir hatten gewettet, wer es am längsten darin aushalten kann. Ich habe gewonnen."

„Dann ist die Sache ja klar", sagte Doktor Rabe. Er zog ein Fläschchen mit weißen Tabletten unter seinem Flügel hervor. Er sagte: „Davon nimmst du jetzt zwei!"

Da brüllte der kleine Brüllbär: „Uaah! Nein, die nehme ich nicht!"

„Der kleine Brummbär hat sie genommen", sagte der Doktor.

„Wie denn?", fragte der kleine Brüllbär. „Hat er gebrüllt? Oder hat er gebrummt?"

„Nein", sagte der Doktor, „er hat sie einfach runtergeschluckt. Er ist ja nicht dumm."

„Ich bin auch nicht dumm!", sagte der kleine Brüllbär. Da holte ihm seine Mutter noch ein Glas Himbeersaft. Er nahm einen großen Schluck und spülte die Tabletten damit runter.

„Na also!", sagte Doktor Rabe. „Jetzt werde ich noch die Kräuterfrau schicken. Die soll Tee für dich kochen. Danach kommt Klara Kröte und macht dir Umschläge. Dann bist du bald wieder gesund."

Die Mutter machte das Fenster auf. Da flog Doktor Rabe hinaus.

Nicht lange danach pochte es an die Tür. Es war die Kräuterfrau mit einem Korb voller Grünzeug. Sie stützte sich auf einen Stock. Sie hatte einen krummen Rücken und eine lange Nase. Ihre Stimme war laut und tief wie die eines alten Soldaten. Die Mutter machte ihr auf und führte sie in die Küche.

„Stell Wasser aufs Feuer!", sagte die Kräuterfrau. „Und gib mir die Kanne!" Dann suchte sie in ihrem Korb nach den richtigen Kräutern. Sie brühte den Tee auf und brachte ihn dem kleinen Brüllbär ans Bett.

„Uaah!", brüllte er. „Ich mag keinen Tee! Und den schon gar nicht! Er riecht nicht gut und er ist viel zu heiß!"

„Aber er hilft!", sagte die Kräuterfrau. „Das glaube ich nicht!", brüllte der kleine Brüllbär. „Gieß ihn nur fort!"

Da klopfte die Kräuterfrau mit ihrem Stock auf den Boden. „Dunnerlittchen!", sagte sie barsch. „Du hältst jetzt den Mund und trinkst diesen Tee!" So hatte noch niemand mit dem kleinen Brüllbär gesprochen. „Dunnerlittchen!", sagte die Kräuterfrau wieder.

Dunnerlittchen? – Das war ein komisches Wort. Der kleine Brüllbär dachte darüber nach. Er trank einen Schluck Tee. So schlecht schmeckte er gar nicht. „Warum nicht gleich so?", fragte die Kräuterfrau.

Der kleine Brüllbär nahm noch einen Schluck. Dann fragte er: „Erzählst du mir eine Geschichte?"

„Nein", sagte die Kräuterfrau. „Ich kenne nur Kräuter und keine Geschichten."

Sie wartete, bis er seine Tasse leer getrunken hatte, dann ging sie murmelnd hinaus. Die Mutter brachte sie bis zur Tür.

Als sie zurückkam, sagte sie: „Die Kräuterfrau hat mir noch etwas für dich gegeben." Es war ein Bonbon.

„Ein Kräuterbonbon?", fragte der kleine Brüllbär.

„Nein, ein Sahnebonbon", antwortete die Mutter.

„Dunnerlittchen!", sagte der kleine Brüllbär.

Er lutschte sein Sahnebonbon. Es war sehr lecker. Er sagte: „Das ist gut gegen Halsweh."

„Ganz bestimmt!", nickte die Mutter. „Aber horch, wer da kommt!"

Da kamen Schritte plitsch-platsch auf das Haus zu und dann plitsch-platsch die Treppe herauf. Das war Klara Kröte. Sie war sehr hässlich, aber sie hatte schöne, goldgrüne Augen. Sie trug einen silbernen Eimer.

„Guten Tag, Klara", sagte die Mutter. „Es ist nett, dass du kommst. Wir haben schon auf dich gewartet."

„Uaah!", brüllte der kleine Brüllbär. „Nein, das ist gar nicht nett und wir haben auch gar nicht gewartet!" Er brüllte noch lauter: „Uaah! Was hast du in deinem Eimer?"

„Brunnenwasser und Leintücher", antwortete Klara Kröte.

Sie schlug die Decke zurück und nahm ein Tuch aus dem Eimer. Das drückte sie sorgfältig aus und legte es ihm auf die Brust.

„Uaah!", brüllte der kleine Brüllbär. Mehr brachte er nicht heraus. Er klapperte nur mit den Zähnen. Klara Kröte wickelte auch seine Beine in feuchte Tücher. Dann deckte sie ihn gut zu.

„Gleich wird dir warm", sagte sie.

Das stimmte tatsächlich! Der kleine Brüllbär kuschelte sich unter die Decke. Bald ging es dem kleinen Brüllbär viel besser. Er fühlte sich zwar noch schwach, aber nichts tat ihm mehr weh. Er setzte sich hin und sah Klara Kröte dankbar an.

„Weiterhin gute Besserung", sagte Klara Kröte. Dann ging sie plitschplatsch aus dem Haus.

„So, kleiner Brüllbär", sagte die Mutter. „Jetzt hole ich dir etwas Gutes zu essen. Du musst doch allmählich hungrig sein."

„Hungrig eigentlich nicht", sagte der kleine Brüllbär. „Aber ein bisschen Appetit habe ich schon."

„Auf was denn?", fragte die Mutter.

Der kleine Brüllbär überlegte. „Auf Honigkuchen und Pudding", sagte er dann, „auf Milchreis und Apfelkompott, auf Brötchen mit Himbeermarmelade, auf Pfannkuchen mit Zucker, dann noch auf zwei oder drei Nüsse und ein paar Rosinen vielleicht."

„Ist das schon alles?", fragte die Mutter.

„Nein", sagte der kleine Brüllbär, „das größte bisschen Appetit habe ich nämlich auf Walderdbeeren mit Sahne."

„Ich will sehen, was ich tun kann", sagte die Mutter und ging in die Küche. Der Vater kam und brachte dem kleinen Brüllbär einen Hampelhasen. Den hatte er selbst gemacht. Der kleine Brüllbär lachte. „Kranke Kinder sollen sich freuen", sagte der Vater, „dann werden sie schneller gesund."

Die Mutter trug ein Tablett mit leckeren Sachen herein. Der kleine Brüllbär lachte wieder.

„Freust du dich?", fragte der Vater.

„Schmeckt es dir?", fragte die Mutter.

Der kleine Brüllbär nickte. Sprechen konnte er nicht. Er hatte den Mund voll Walderdbeeren mit Sahne.

Josef Guggenmos

Bär und Schmetterling

Wie gering
bist du, kleiner Schmetterling,
sprach der Bär,
fürchterlich
rühmt er sich,
wie so bärenstark er wär.

Kamen sie an eine Kluft:
Ja, da steht er,
sieben Meter
springen kann der Dickbär nicht.
Doch der kleine bunte Wicht
schwebt schon durch die Luft.

Zottel-, Tanz- und Heidelbär

Kleiner Tanzbär

Melodie: Dorothée Kreusch-Jacob

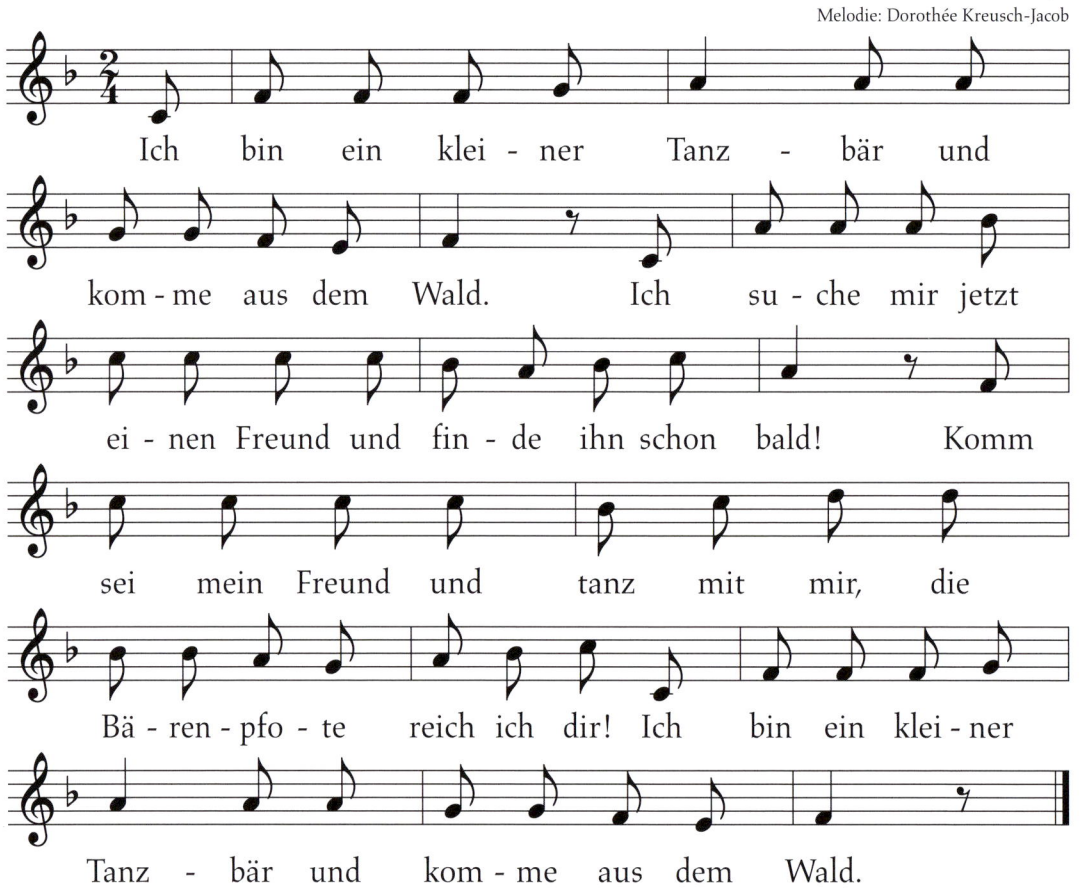

Ich bin ein klei - ner Tanz - bär und
kom - me aus dem Wald. Ich su - che mir jetzt
ei - nen Freund und fin - de ihn schon bald! Komm
sei mein Freund und tanz mit mir, die
Bä - ren - pfo - te reich ich dir! Ich bin ein klei - ner
Tanz - bär und kom - me aus dem Wald.

Ich bin ein kleiner Tanzbär
und komme aus dem Wald.
Ich suche mir jetzt einen Freund
und finde ihn schon bald.
Komm, sei mein Freund und tanz mit mir,
die Bärenpfote reich ich dir.
Ich bin ein kleiner Tanzbär
und komme aus dem Wald.

Ilona Bodden

Bärenhunger

Von wo hat nur der Stachelbär
die furchtbar vielen Stacheln her?

Der Erdbär andrerseits hat keine.
Wer weiß –
vielleicht versteckt er seine?

Doch auch der Himbär,
weich und glatt,
vermutlich keine davon hat.

Der Preiselbär, den wir mal trafen,
gehört natürlich zu den Braven.

Jaja – auch der Johannisbär
setzt sich so gut wie nie zur Wehr.

Ganz harmlos – lasse dich belehren –
sind auch die Brom- und Heidelbären.

Und die Holunderbären auch
dahinten im Holunderstrauch.

Doch alle andern sind entbärlich,
um nicht zu sagen: sehr gefährlich!

Drum merk es, dass nicht jeder wild
gleich seinen Bärenhunger stillt.

Friedl Hofbauer

Der Heidelbeerbär

Peter und die Mutter gingen in den Supermarkt einkaufen. Es roch nach Waschpulver und Schokolade und Grillhühnern. Peter holte einen Einkaufswagen und sie fuhren am Waschtrommelberg vorüber und kamen auf den Kirschenkompottweg.

„Wir wollen gleich zum Käse", sagte die Mutter und legte ein Netz mit Kartoffeln in den Einkaufswagen. „Und dann kaufen wir noch Milch und Papiertaschentücher. Wo sind denn die?"

„Hinter dem Sockenberg", sagte eine Frau.

Dicht neben dem Sockenberg stand ein hoher Drahtkorb, darin saßen lauter Teddybären. Ein kleiner Bär streckte die Pfote durchs Gitter.

Peter nahm die Pfote und schüttelte sie. „Guten Tag, Bär", sagte er.

„Darf ich mitkommen?", fragte der Bär.

„Ja, komm nur mit", sagte Peter.

Der kleine Bär stieg aus dem Korb und sprang in den Einkaufswagen.

Die Mutter legte ein Paar Socken neben die Kartoffeln und sagte: „Da sitzt ja ein Bär!"

„Er will mitkommen!", sagte Peter.

„Das geht nicht!", antwortete die Mutter.

Der kleine Bär musste in den Käfig zurück. Er hing oben am Gitter und winkte Peter nach. Die Mutter und Peter fuhren mit dem Einkaufswagen um eine Ecke und kamen in einen Gang voll bunter Flaschen. In den Flaschen waren Himbeersaft und Grapefruitsaft und Bitter Lemon und Pfirsichsaft und Heidelbeersaft.

Der kleine Bär winkte und winkte. Als er Peter nicht mehr sehen konnte, beugte er sich weit aus dem Korb, und dabei purzelte er hinunter. Er tat sich nicht weh, denn er hatte einen weichen Pelz und war gut ausgestopft. Aber es kamen viele Füße daher und Einkaufswagen kamen gerollt, und der kleine Bär bekam Angst und versteckte sich hinter einem Dosenturm.

Der Dosenturm war sehr hoch.

Vielleicht kann ich von ganz oben den Peter noch einmal sehen, dachte der kleine Bär und er begann den Dosenturm hinaufzuklettern.

Er kletterte und kletterte und kletterte.

Er war beinahe schon oben, da gab's ein lautes Gepolter, und der Dosenturm stürzte zusammen. Eine Dose stieß an eine Flasche Heidelbeersaft. Die Flasche sprang hinunter und zerbrach. Der kleine Bär plumpste in den Heidelbeersee.

Die Leute im Supermarkt hörten das Gepolter und kamen gelaufen. Da stand ein kleiner Teddybär in einem Heidelbeersee und zupfte sich Glassplitter aus dem Pelz. Auch Peter kam gelaufen.

„Mein Bär!", schrie er. „Hast du dir wehgetan?"

„Nein", sagte der Heidelbeerbär. „Mein Pelz ist dick!"

„Komm!", rief die Mutter.

Peter nahm den Bären an der Pfote und sie gingen der Mutter nach. Der Bär machte lauter blaue Heidelbeersaftschritte.

Die Kassiererin sah den kleinen Bären an Peters Hand und sagte: „Du hast ein Preisschild am Ohr. Warum sitzt du nicht im Einkaufswagen, wie es sich gehört? Du bist ein Supermarktbär. Du darfst nicht weiter mitgehen, wenn du nicht bezahlt wirst."

Der kleine Bär weinte blaue Heidebeertränen.

„Mutter", sagte Peter. „Darf er wirklich nicht mitkommen? Schau, er kränkt sich so."

„Er darf mitgehen", sagte die Mutter. „Aber so ein Heidelbeerbär kostet viel Geld. Wenn der Bär mitgeht, kann ich dir nichts mehr zum Geburtstag schenken!"

„Ich will nur den Heidelbeerbären!", sagte Peter.

Peter umarmte den Heidelbeerbären.

„Jetzt müsst ihr alle zwei in die Badewanne", sagte die Mutter.

In der Badewanne war viel Schaum.
Der Schaum war heidelbeerblau.
Peter wurde sauber.
Der kleine Bär wurde lichtblau.
Die Mutter brachte zwei Handtücher.
Peter wurde trocken.
Der kleine Bär tropfte und tropfte. Er war auch innen voll Badewasser.
„Wir werden ihn auf einen Kleiderbügel setzen und ans Fenster hängen. Morgen Früh ist er trocken!", sagte die Mutter.
„Warum ist der Bär noch immer blau und ich nicht?", fragte Peter.
„Von einem Kind kann man Heidelbeersaft herunterwaschen", sagte die Mutter. „Von einem Teddybären aber nicht."
Die Mutter setzte den Heidelbeerbären auf einen Kleiderbügel und hängte ihn ans offene Fenster. Dort schaukelte er im Wind. Peter konnte ihn von seinem Bett aus schaukeln sehen. Die Sterne kamen und der Mond.
„Da sitzt ja ein lichtblauer Bär auf dem Kleiderbügel", sagten die Sterne.
„Das ist ein Heidelbeerbär", sagte der Mond.
„Willst du zu uns heraufkommen?", riefen die Sterne. „Bei uns wohnen schon zwei Bären, der Große Bär und der Kleine Bär, die sind aus lauter Sternen gemacht. Aber Heidelbeerbären haben wir noch keine. Willst du uns besuchen? Du musst nur ganz stark schaukeln und dann loslassen, und

schon fliegst du zu uns herauf in den Himmel."
Der kleine Bär begann ganz stark zu schaukeln, dann ließ er los, und schon flog er gegen den Himmel zu. Der leere Kleiderbügel schaukelte noch ein Weilchen alleine weiter, dann war er still.
Der kleine und der große Sternenbär warteten schon.
„Schön, dass du da bist, Heidelbeerbär!", brummte der große.
„Schön, dass du da bist!", quietschte der kleine.
Da nahmen der große und der kleine Sternenbär den Heidelbeerbären links und rechts an den Pfoten und spazierten mit ihm in den tiefen Himmel hinein. Der Sternenwind blies und brachte alle Sterne zum Klingeln.
Der Mond saß auf einer dunkelblauen Wiese und hütete Wolken. Ein paar leuchtende Bienen flogen herum. „Stechen die oder bringen sie mir Honig?", fragte der kleine Heidelbeerbär.
Der kleine Sternenbär schlug mit den Pfoten nach den Bienen und der große Sternenbär brummte: „Kümmer dich nicht um die, Heidelbeerbär, das sind keine Bienen, das sind Raketen. Kümmer dich nicht um sie, die machen keinen Honig!" Und sie gingen weiter.
Der Sternenwind blies und blies. Auf einmal musste der kleine Heidelbeerbär niesen.
„Ist dir kalt, Heidelbeerbär?", fragten die zwei Sternenbären. „Du zitterst ja!

Und dein Pelz ist ganz nass! Warum ist denn dein Pelz so nass?"

Aber der Heidelbeerbär konnte vor lauter Niesen nicht antworten.

Da führten die zwei Sternenbären den kleinen Heidelbeerbären bis an den Rand des Himmels.

Dort saß schon die Sonne.

„Komm zu mir, kleiner Bär, ich trockne dich!", sagte die Sonne. Und sie trocknete den kleinen Heidelbeerbären, bis kein Tropfen Wasser mehr in ihm war. Der kleine Heidelbeerbär war sehr froh.

„Jetzt erzähl uns, warum dein Pelz so nass war", sagten der große und der kleine Sternenbär, und auch die Sonne wollte es wissen.

Der kleine Heidelbeerbär saß auf dem Himmelsrand, ließ die Beine baumeln und brummte:

„Ich bin der kleine Heidelbeerbär und komme aus dem Heidelbeermeer. Alles andre erzähl ich euch später! Doch jetzt will ich wieder zum Peter!"

Und er sprang vom Himmelsrand herunter durch Wolken und Sterne und immer tiefer und erwischte gerade noch den Kleiderbügel vor dem Fenster. Und der Kleiderbügel fing ganz heftig zu schaukeln an und schubste den kleinen Heidelbeerbären ins Zimmer hinein.

Der Bär landete auf Peters Bettdecke und verkroch sich sofort darunter und kuschelte sich neben den schlafenden Peter. Und er schlief auch gleich ein.

Und als sie beide am Morgen aufwachten, der Heidelbeerbär und Peter, da waren sie glücklich, weil sie einander wiederhatten.

Hans Georg Schmitten

Der Eisbär kommt!

Was dem Herrn Simsam nicht alles einfällt! Einmal wollte er sein Glück als Eisverkäufer versuchen. Davon hatte er schon als kleiner Bub geträumt: Eis essen zu dürfen, so viel man wollte, und dabei auch noch Geld zu verdienen.

„Man muss alles einmal ausprobieren", sagte er sich und besorgte sich einen kleinen Eiswagen mit einem kleinen Sonnenschirm daran. Und schob los.

Aber wenn ihr ihn getroffen hättet, ihr hättet ihn bestimmt nicht erkannt: Herr Simsam hatte nämlich sein Eisbärenkostüm angezogen. Zwar schwitzte er sehr unter dem dicken Fell und dem mächtigen Bärenkopf, doch er dachte: Reklame muss sein! Eisverkäufer, die aussehen wie Eisverkäufer, gibt es schon genug!

So tippelte Herr Simsam mit seinem Wägelchen durch den Park und rief: „Der Eisbär kommt! Kauft Eis beim Eisbären!"

Als er in der Nähe des Spielplatzes war, kamen drei Mädchen und zogen an seinem Zottelfell: „Bist du echt?"

„Natürlich bin ich echt", brummte Herr Simsam.

„Na gut", sagte das erste Mädchen, „dann musst du auch jeder ein Bäreneis schenken! Ich nehme Brombär!"

„Und ich Himbär", kicherte das zweite Mädchen.

„Und ich Erdbär", krähte die Kleinste, „mit Vanille und Melone und Zitrone und Schoko!"

Der Eisbär spendierte eine Runde Eis und gönnte sich auch selber eins. Dann tippelte er weiter.

Was Herr Simsam nicht wissen konnte: An diesem Tag war noch ein zweiter Eisbär unterwegs – und zwar ein richtiger! Bodo hieß er. Dem war es im Zoo zu langweilig geworden, darum war er heimlich über den Zaun gestiegen, um sich ein bisschen in der Stadt umzusehen.

„Der Eisbär kommt!", rief Herr Simsam. „Kauft Eis beim Eisbären!"

Aber was war los?

Auf einmal wollte niemand mehr an seinen Eiswagen kommen. Im Gegenteil: Die Leute liefen sogar weg, wenn er sich ihnen näherte.

„Seh ich denn gar so gefährlich aus?", fragte er eine Frau, die gerade erschrocken von ihrer Bank aufsprang.

„Sie nicht – aber der da!", sagte die Frau und rannte, was sie konnte.

Da bemerkte Herr Simsam, dass der richtige Eisbär schon eine ganze Weile hinter ihm herstapfte! Das Tier war einen Bärenkopf größer als er und vor Hitze und Appetit hing ihm lang die Zunge aus dem Maul. Jetzt breitete Bodo auch noch die Arme aus, als wollte er Herrn Simsam brüderlich ans Herz drücken.

„Wi-willst du vielleicht was Leckeres?", stotterte Herr Simsam und öffnete schnell seinen Eisbehälter. „Bedien dich nur!"

Das ließ sich der richtige Eisbär nicht zweimal sagen! Schon matschte er mit seinen Pranken in der köstlichen Masse herum und schlang und schleckte das Eis in sich hinein, dass es nur so schmatzte. Als er den ganzen Behälter leer gefressen hatte und auch den letzten Rest herausgekratzt hatte, legte er sich zufrieden hinter eine Parkbank und schlief sofort ein.

Aus dem Eisverkauf wird ja nun nichts mehr, dachte Herr Simsam. Na, Hauptsache, ich lebe noch!

Eben wollte er den schweren Eisbärenkopf absetzen, da packte ihn ein Mann fest am Arm: „Hab ich dich endlich, Bodo! Los, mitkommen, du Ausreißer!"

„Aber nicht doch, ich bin doch der Herr Simsam!", rief Herr Simsam.

„Ist schon recht!", sagte der Mann und wollte ihn an die Kette nehmen. „Das kann jeder sagen!"

Gott sei Dank merkte der Tierpfleger dann doch, dass hier der falsche Eisbär vor ihm stand. Sonst wäre Herr Simsam zu guter Letzt noch im Zoo gelandet!

Sylvia Frueh-Keyserling

Zottelbär

Melodie: Ludger Edelkötter

1. Ich wollt, ich wär ein Zot - tel - bär,

Zi - Za - Zot - tel - bär. Ich Zot - tel -

bär: Ich tä - te manch-mal ganz laut brum-men,

brum - men und tan - zen brum - men und

tan - zen und am Sonn-tag sum - men.

1. Ich wollt, ich wär ein Zottelbär,
Zi-Za-Zottelbär.
Ich wollt, ich wär ein Zottelbär,
Zi-Za-Zottelbär.
Ich täte manchmal ganz laut brummen,
brummen und tanzen,
brummen und tanzen
und am Sonntag summen.

2. Ich wollt, ich wär ein Zottelbär,
   Zi-Za-Zottelbär.
Ich wollt, ich wär ein Zottelbär,
   Zi-Za-Zottelbär.
Ich tät dich mit der Nase stupsen,
   stupsen und schieben,
   stupsen und schieben
und dich auch mal schubsen.

3. Ich wollt, ich wär ein Zottelbär,
   Zi-Za-Zottelbär.
Ich wollt, ich wär ein Zottelbär,
   Zi-Za-Zottelbär.
Ich täte auf dem Sofa liegen,
   liegen und zotteln,
   liegen und zotteln
und mich an dich schmiegen.

Helme Heine

Prinz Bär

Vor vielen, vielen Jahren, als die Märchen noch jung waren, steckte in jedem Bären ein Prinz und in jeder Prinzessin ein Bär.

War ein Bär es leid, als Fischer oder Jäger im Wald zu leben, stellte er sich an die Straße und wartete auf eine Prinzessin.

Sie hielt an. Er stieg zu ihr in die Kutsche, küsste sie und verwandelte sich in einen Prinzen. Gemeinsam fuhren sie auf das Schloss, wo er sich sehr verwöhnen ließ.

War eine Prinzessin es leid, im Schloss zu leben und immer lieb und brav zu sein, sattelte sie ihr Pferd und galop-

pierte in den Wald. Sie küsste den ersten besten Bären, verwandelte sich und kletterte auf die Bäume. Oder sie klaute Honig. Oder sie ging zum Schwimmen und Angeln.

So einfach war das Leben. Alle Bären und Prinzen und Prinzessinnen waren glücklich und zufrieden.

Eines Tages kamen Holzfäller in den Wald und hackten die schönsten Kletterbäume der Bären um. Straßen wurden gebaut. Es war sehr gefährlich, sie zu überqueren. Die Bären mussten Jagd- und Angelscheine machen. Sie fühlten sich nicht mehr wohl in ihrer Haut.

So war es kein Wunder, dass sie alle Prinz oder Prinzessin werden wollten. Radelte eine Prinzessin in den Wald, um Pilze zu suchen, wurde sie andauernd von den Bären belästigt, die einen Kuss haben wollten. Es kam so weit, dass keine Prinzessin mehr allein ausgehen durfte.

Die Bären zogen vor die Burgen und Schlösser. Sie brummten laut und forderten Einlass. Doch die Prinzen und Prinzessinnen, von denen es viel zu viele gab, weil keiner mehr Bär werden wollte, schrien ihnen zu, sie sollten abhauen!

Von Stund an konnte sich kein Bär mehr in einen Prinzen verwandeln und keine Prinzessin mehr in einen Bären – egal, wie lange sie sich küssten.

Brüder Grimm

Schneeweißchen und Rosenrot

Eine arme Witwe lebte einsam in einem Hüttchen und vor dem Hüttchen war ein Garten, darin standen zwei Rosenbäumchen, davon trug das eine weiße, das andere roten Rosen. Und sie hatte zwei Kinder, die glichen den beiden Rosenbäumchen, und das eine hieß Schneeweißchen, das andere Rosenrot. Sie waren aber so fromm und gut, so arbeitsam und unverdrossen, als je zwei Kinder auf der Welt gewesen sind. Schneeweißchen war nur stiller und sanfter als Rosenrot. Rosenrot sprang lieber in den Wiesen und Feldern umher, suchte Blumen und fing Sommervögel. Schneeweißchen aber saß daheim bei der Mutter, half ihr im Hauswesen oder las ihr vor, wenn nichts zu tun war.

Die beiden Kinder hatten einander so lieb, dass sie sich immer an den Händen fassten, sooft sie zusammen ausgingen. Und wenn Schneeweißchen sagte: „Wir wollen uns nicht verlassen", so antwortete Rosenrot: „Solange wir leben nicht." Und die Mutter setzte hinzu: „Was das eine hat, soll's mit dem andern teilen."

Oft liefen sie im Walde umher und sammelten Beeren, aber kein Tier tat ihnen etwas zu Leid, sondern sie kamen vertraulich herbei. Das Häschen fraß ein Kohlblatt aus ihren Händen, das Reh graste an ihrer Seite, der Hirsch sprang ganz lustig vorbei und die Vögel blieben auf den Ästen sitzen und sangen. Kein Unfall traf sie; wenn sie sich im Walde verspätet hatten und die Nacht sie überfiel, so legten sie sich nebeneinander auf das Moos und schliefen, bis der Morgen kam, und die Mutter wusste das und hatte ihretwegen keine Sorge.

Einmal, als sie im Walde übernachtet hatten und das Morgenrot sie aufweckte, da sahen sie ein schönes Kind in einem weißen Kleidchen neben ihrem Lager sitzen. Es stand auf und blickte sie freundlich an, sprach aber nichts und ging in den Wald hinein. Und als sie sich umsahen, so hatten sie ganz nahe bei einem Abgrunde geschlafen und wären gewiss hineingefallen, wenn sie in der Dunkelheit noch ein paar Schritte weitergegangen wären. Die Mutter aber sagte ihnen, das müsse der Engel gewesen sein, der gute Kinder bewache.

Schneeweißchen und Rosenrot hielten das Hüttchen der Mutter so reinlich, dass es eine Freude war. Im Sommer besorgte Rosenrot das Haus und stellte der Mutter jeden Morgen, ehe sie aufwachte, einen Blumenstrauß vors Bett, darin war von jedem Bäumchen eine Rose. Im Winter zündete Schneeweißchen das Feuer an und hing den Kessel an den Feuerhaken, und der Kessel war von Messing, glänzte aber wie Gold, so rein war er gescheuert. Abends, wenn die Flocken fielen, sagte die Mutter: „Geh, Schneeweißchen, und schieb den Riegel vor", und dann setzten sie sich an den Herd und die Mutter nahm die Brille und las aus einem großen Buch vor und die beiden Mädchen hörten zu und spannen; neben ihnen lag ein Lämmchen auf dem Boden und hinter ihnen auf einer Stange saß ein weißes Täubchen und hatte seinen Kopf unter die Flügel gesteckt.

Eines Abends, als sie so vertraulich beisammen saßen, klopfte jemand an die Tür, als wollte er eingelassen werden. Die Mutter sprach: „Geschwind, Rosenrot, mach auf, es wird ein Wanderer sein, der Obdach sucht."

Rosenrot ging und schob den Riegel weg und dachte, es wäre ein armer Mann, aber der war es nicht, es war ein Bär, der seinen dicken, schwarzen Kopf zur Tür hereinsteckte. Rosenrot schrie

laut und sprang zurück, das Lämmchen blökte, das Täubchen flatterte auf und Schneeweißchen versteckte sich hinter der Mutter Bett. Der Bär aber fing an zu sprechen und sagte: „Fürchtet euch nicht, ich tue euch nichts zu Leid, ich bin halb erfroren und will mich nur ein wenig bei euch wärmen."
„Du armer Bär", sprach die Mutter, „leg dich ans Feuer und gib nur Acht, dass dir dein Pelz nicht brennt." Dann rief sie: „Schneeweißchen, Rosenrot, kommt hervor, der Bär tut euch nichts, er meint's ehrlich." Da kamen sie beide heran, und nach und nach näherten sich auch das Lämmchen und Täubchen und hatten keine Furcht.

Der Bär sprach: „Ihr Kinder, klopft mir den Schnee ein wenig aus dem Pelzwerk", und sie holten den Besen und kehrten dem Bären das Fell rein; er aber streckte sich ans Feuer und brummte ganz vergnügt und behaglich.

Nicht lange, so wurden sie ganz vertraut und trieben Mutwillen mit dem

unbeholfenen Gast. Sie zausten ihm das Fell mit den Händen, setzten ihre Füßchen auf seinen Rücken und walgerten ihn hin und her, oder sie nahmen eine Haselrute und schlugen auf ihn los, und wenn er brummte, so lachten sie. Der Bär ließ sich's gerne gefallen, nur wenn sie's zu arg machten, rief er:

„Lasst mich am Leben, ihr Kinder:
Schneeweißchen, Rosenrot,
schlägst dir den Freier tot."

Als Schlafenszeit war und die andern zu Bett gingen, sagte die Mutter zu dem Bären: „Du kannst da am Herd liegen bleiben, so bist du vor der Kälte und dem bösen Wetter geschützt." Sobald der Tag graute, ließen ihn die Kinder hinaus, und er trabte durch den Schnee in den Wald hinein.

Von nun an kam der Bär jeden Abend zu der bestimmten Stunde, legte sich an den Herd und erlaubte den Kindern, Kurzweil mit ihm zu treiben, so viel sie wollten, und sie waren so gewöhnt an ihn, dass die Tür nicht eher zugeriegelt ward, bis der schwarze Gesell da war.

Als das Frühjahr herangekommen und draußen alles grün war, sagte der Bär eines Morgens zu Schneeweißchen: „Nun muss ich fort und darf den ganzen Sommer nicht wiederkommen."

„Wo gehst du denn hin, lieber Bär?", fragte Schneeweißchen.

„Ich muss in den Wald und meine Schätze vor den bösen Zwergen hüten.

Im Winter, wenn die Erde hart gefroren ist, müssen sie wohl unten bleiben und können sich nicht durcharbeiten, aber jetzt, wenn die Sonne die Erde aufgetaut hat, da steigen sie herauf, suchen und stehlen; was einmal in ihren Händen ist und in ihren Höhlen liegt, das kommt so leicht nicht wieder an des Tages Licht."

Schneeweißchen war ganz traurig über den Abschied, und als es ihm die Tür aufriegelte und der Bär sich hinausdrängte, blieb er an dem Türhaken hängen und ein Stück seiner Haut riss auf, und da war es Schneeweißchen, als hätte es Gold durchschimmern sehen, aber es war seiner Sache nicht gewiss. Der Bär lief eilig fort und war bald verschwunden.

Nach einiger Zeit schickte die Mutter die Kinder in den Wald, Reisig zu sammeln. Da fanden sie draußen einen großen Baum, der lag gefällt auf dem Boden, und an dem Stamme sprang zwischen dem Gras etwas auf und ab, sie konnten aber nicht unterscheiden, was es war.

Als sie näher kamen, sahen sie einen Zwerg mit einem alten, verwelkten Gesicht und einem ellenlangen schneeweißen Bart. Das Ende des Bartes war in eine Spalte des Baumes eingeklemmt, und der Kleine sprang hin und her wie ein Hündchen an einem Seil und wusste nicht, wie er sich helfen sollte. Er glotzte die Mädchen mit

seinen roten, feurigen Augen an und schrie: „Was steht ihr da! Könnt ihr nicht herbeigehen und mir Beistand leisten?"

„Was hast du angefangen, kleines Männchen?", fragte Rosenrot.

„Dumme, neugierige Ziege", antwortete der Zwerg, „den Baum habe ich mir spalten wollen, um kleines Holz in der Küche zu haben, bei den dicken Klötzen verbrennt gleich das bisschen Speise, das unsereiner braucht, der nicht so viel hinunterschlingt wie ihr grobes, gieriges Volk. Ich hatte den Keil schon glücklich hineingetrieben, und es wäre alles nach Wunsch gegangen, aber das verwünschte Holz war zu glatt und sprang unversehens heraus, und der Baum fuhr so geschwind zusammen, dass ich meinen schönen weißen Bart nicht mehr herausziehen konnte; nun steckt er drin, und ich kann nicht fort. Da lachen die albernen, glatten Milchgesichter! Pfui, was seid ihr garstig!"

Die Kinder gaben sich alle Mühe, aber sie konnten den Bart nicht herausziehen, er steckte zu fest. „Ich will laufen und Leute herbeiholen", sagte Rosenrot.

„Wahnsinnige Schafsköpfe", schnarrte der Zwerg, „wer wird gleich Leute herbeirufen, ihr seid mir schon um zwei zu viel, fällt euch nichts Besseres ein?"

„Sei nur nicht ungeduldig", sagte Schneeweißchen, „ich will schon Rat schaffen", holte sein Scherchen aus der Tasche und schnitt das Ende des Bartes ab. Sobald der Zwerg sich frei fühlte, griff er nach einem Sack, der zwischen den Wurzeln des Baumes steckte und mit Gold gefüllt war, hob ihn heraus und brummte vor sich hin: „Ungehobeltes Volk, schneidet mir einfach ein Stück von meinem stolzen Barte ab! Lohn's euch der Kuckuck!"

Damit schwang er seinen Sack auf den Rücken und ging fort, ohne die Kinder nur noch einmal anzusehen.

Einige Zeit danach wollten Schneeweißchen und Rosenrot ein Gericht Fische angeln. Als sie nahe bei dem Bach waren, sahen sie, dass etwas wie eine große Heuschrecke nach dem Wasser zuhüpfte, als wollte es hineinspringen. Sie liefen heran und erkannten den Zwerg.

„Wo willst du hin?", sagte Rosenrot. „Du willst doch nicht ins Wasser?"

„Solch ein Narr bin ich nicht", schrie er, „seht ihr nicht? Der verwünschte Fisch will mich hineinziehen!"

Der Kleine hatte dagesessen und geangelt, und unglücklicherweise hatte der Wind seinen Bart mit der Angelschnur verflochten. Als gleich darauf ein großer Fisch anbiss, fehlten dem schwachen Geschöpf die Kräfte, ihn herauszuziehen, der Fisch behielt die Oberhand und riss den Zwerg zu sich hin. Zwar hielt er sich an allen Halmen und Binsen, aber das half nicht viel, und er war in beständiger Gefahr, ins Wasser gezogen zu werden. Die Mädchen kamen zur rechten Zeit, hielten ihn fest und versuchten den Bart von der Schnur loszumachen, aber vergebens. Bart und Schnur waren fest ineinander verwirrt. Es blieb nichts übrig, als das Scherchen hervorzuholen und den Bart abzuschneiden, wobei ein kleiner Teil desselben verloren ging.

Als der Zwerg das sah, schrie er sie an: „Ist das Manier, ihr Lorche, einem das Gesicht zu schänden? Nicht genug, dass ihr mir den Bart unten abgestutzt habt, jetzt schneidet ihr mir den besten Teil davon ab, ich darf mich vor den Meinigen gar nicht sehen lassen. Dass ihr laufen müsstet und die Schuhsohlen verloren hättet!" Dann holte er einen Sack Perlen, der im Schilfe lag, und ohne noch etwas zu sagen, verschwand er damit hinter einem Stein.

Es trug sich zu, dass bald hernach die Mutter die beiden Mädchen nach der Stadt schickte, Zwirn, Nadeln, Schnüre und Bänder einzukaufen. Der Weg führte sie über eine Heide, auf der hier und da mächtige Felsenstücke verstreut lagen. Da sahen sie einen großen Vogel in der Luft schweben, der langsam über ihnen kreiste, sich immer tiefer herabsenkte und endlich nicht weit bei einem Felsen niederstieß. Gleich darauf hörten sie einen durchdringenden, jämmerlichen Schrei. Sie liefen herzu und sahen mit Schrecken, dass der Adler ihren alten Bekannten, den Zwerg, gepackt hatte und ihn forttragen wollte. Die mitleidigen Kinder hielten das Männchen fest und zerrten sich so lange mit dem Adler herum, bis er seine Beute fahren ließ.

Als der Zwerg sich von dem Schrecken erholt hatte, schrie er mit seiner kreischenden Stimme: „Konntet ihr nicht säuberlicher mit mir umgehen? Geris-

sen habt ihr an meinem dünnen Röckchen, dass es überall zerfetzt und durchlöchert ist, unbeholfenes und täppisches Gesindel, das ihr seid!"

Dann nahm er einen Sack mit Edelsteinen und schlüpfte wieder in seine Höhle. Die Mädchen waren an seinen Undank schon gewöhnt, setzten ihren Weg fort und verrichteten ihr Geschäft in der Stadt. Als sie beim Heimweg wieder auf die Heide kamen, überraschten sie den Zwerg, der auf einem reinlichen Plätzchen seinen Sack mit Edelsteinen ausgeschüttet und nicht gedacht hatte, dass so spät noch jemand daherkommen würde. Die Abendsonne schien über die glänzenden Steine, sie schimmerten und leuchteten so prächtig in allen Farben, dass die Kinder stehen blieben und sie betrachteten. „Was steht ihr da und habt Maulaffen feil?", schrie der Zwerg und sein aschgraues Gesicht ward zinnoberrot vor Zorn. Er wollte mit seinen Scheltworten fortfahren, als sich ein lautes Brummen hören ließ und ein schwarzer Bär aus dem Walde herbeitrabte. Erschrocken sprang der Zwerg auf, aber er konnte nicht mehr zu seinem Schlupfwinkel gelangen, der Bär war schon in seiner Nähe. Da rief er in Herzensangst: „Lieber Herr Bär, verschont mich, ich will Euch alle meine Schätze geben, sehet, die schönen Edelsteine, die da liegen. Schenkt mir das Leben, was habt Ihr an mir kleinem, schmächtigem Kerl? Ihr spürt mich nicht zwischen den Zähnen, da, die beiden gottlosen Mädchen packt, das sind für Euch zarte Bissen, die fresst in Gottes Namen."

Der Bär kümmerte sich um seine Worte nicht, gab dem boshaften Geschöpf einen Schlag mit der Tatze und es regte sich nicht mehr.

Die Mädchen waren fortgesprungen, aber der Bär rief ihnen nach: „Schneeweißchen und Rosenrot, fürchtet euch nicht, wartet, ich will mit euch gehen."

Da erkannten sie seine Stimme und blieben stehen, und als der Bär bei ihnen war, fiel plötzlich die Bärenhaut ab, und er stand da als ein schöner Mann, ganz in Gold gekleidet.

„Ich bin eines Königs Sohn", sprach er, „und war von dem gottlosen Zwerg, der mir meine Schätze gestohlen hatte, verwünscht, als ein wilder Bär in dem Walde zu laufen, bis ich durch seinen Tod erlöst würde. Jetzt hat er seine wohlverdiente Strafe empfangen."

Schneeweißchen ward mit ihm vermählt und Rosenrot mit seinem Bruder, und sie teilten die großen Schätze miteinander, die der Zwerg in seiner Höhle zusammengetragen hatte. Die alte Mutter lebte noch lange Jahre glücklich bei ihren Kindern. Die zwei Rosenbäumchen aber nahm sie mit, und sie standen vor ihrem Fenster und trugen jedes Jahr die schönsten Rosen, weiß und rot.

Leo Tolstoi

Der Große Bär

Vor langen, langen Jahren war einmal eine große Trockenheit auf Erden: Alle Flüsse, alle Bäche und Brunnen waren versiegt, alle Bäume, Sträucher und Gräser vertrocknet und Menschen und Tiere kamen vor Durst um.

Da ging eines Nachts ein kleines Mädchen von daheim fort mit einem Krug in der Hand, um Wasser für die kranke Mutter zu suchen. Das Mädchen fand nirgends Wasser und legte sich vor Müdigkeit in das Gras und schlief ein. Als es erwachte und nach dem Krug griff, hätte es beinahe das Wasser verschüttet. Der Krug war nämlich voll frischen, klaren Wassers. Das Mädchen freute sich und wollte trinken, aber da fiel ihm ein, dass es dann für die Mutter nicht reichen würde, und es lief mit dem Krug nach Hause.

Es hatte es damit so eilig, dass es gar nicht ein Hündchen vor seinen Füßen bemerkte, stolperte und den Krug fallen ließ. Das Hündchen winselte kläglich. Das Mädchen langte nach dem Krug. Es dachte, nun habe es das Wasser verschüttet. Aber nein! Der Krug stand aufrecht auf dem Boden und nicht ein Tropfen fehlte. Da goss sich das Mädchen ein wenig Wasser in die hohle Hand, und das Hündchen leckte es auf und wurde wieder ganz lustig. Das Mädchen aber langte wieder nach dem Krug, doch siehe: Da war er nicht mehr aus Holz, sondern aus Silber.

Das Mädchen lief mit dem Krug nach Hause und gab ihn der Mutter. Die aber sprach: „Ich muss ohnehin sterben, trink du das Wasser!" Und sie gab den Krug dem Mädchen. Im selben Augenblick aber verwandelte sich der silberne Krug in einen goldenen.

Da konnte das Mädchen nicht länger widerstehen und wollte den Krug an seine Lippen setzen, als ein Wanderer ins Zimmer trat und um einen Schluck Wasser bat. Das Mädchen schluckte den Speichel hinunter und reichte dem Wanderer den Krug. Und da: Plötzlich erschienen auf dem Krug sieben riesengroße Diamanten und aus jedem floss ein großer Strahl frischen, klaren Wassers.

Die sieben Diamanten stiegen höher und stiegen zum Himmel empor und wurden der Große Bär.

Gute Nacht, kleiner Bär

Quint Buchholz

Schlaf gut, kleiner Bär

Am Abend hatte der kleine Bär seine Apfelhose ausgezogen und seine Sternenhose angezogen.

Er hatte eine lange Gutenachtgeschichte gehört.

Er hatte sein kleines Gebet gesprochen.

Er hat das Schlaflied mitgesummt.

Und er hat seine fünf Küsschen bekommen.

Danach brauchte er aber noch einen Schluck Wasser aus der blauen Tasse, weil er wie jeden Abend auf einmal solchen Durst hatte.

Dann musste er noch seine roten Schlafsocken anziehen, das hatte er nämlich vergessen.

Dann wollte er noch warme Luft unter die Bettdecke gehaucht bekommen, weil es sich dort so kalt anfühlte.

Und dann, dann durfte das Licht in seinem Zimmer ausgemacht werden.

Ganz still ist es jetzt.

Doch der kleine Bär ist immer noch nicht müde.

Und wenn kleine Bären nicht müde sind, dann krabbeln sie noch mal leise aus ihrem Bett, bauen sich eine Treppe, auf der sie bis zum Fenster hinaufklettern können, und schauen hinaus ... wo der Mond wie eine große, runde Nachtlaterne am Himmel steht und mit seinem sanften Licht auf die Wiesen scheint, auf das Haus, auf die Bäume, auf den Fluss und auf die ganze Welt.

Draußen ist es kühler geworden. Die Enten nehmen noch ein Bad im Fluss. Manchmal hört man in der Stille die Frösche quaken.

Am Bootssteg weht ein Unterhemd im Abendwind. Das war das Segel vom Schiff, als der kleine Bär am Nachmittag ein Seeräuber war. Und die Schuhschachtel war die Schatztruhe.

Nebenan wohnt die alte Frau Rose. Sie hat den ganzen Tag in ihrem Garten gearbeitet. Sie hat gegraben und gehackt und gesät und gegossen. Dabei erzählt sie den Blumen immer Geschichten.

Der kleine Bär besucht Frau Rose oft. Er hört ihren Geschichten zu und manchmal hilft er ihr mit seiner gelben Schaufel beim Graben.

Der kleine Bär kann von seinem Fenster aus sehen, dass die alte Frau Rose in

ihrem Sessel eingeschlafen ist. Sie war so müde.

Auf der Wiese am Waldrand steht der Vogelmann. Die Kinder haben ihn im letzten Herbst aus Holz und alten Sachen gebaut. Seitdem kommen sie oft vorbei und spielen auf seiner Wiese. Sie stecken ihm jedes Mal frische Blumen oder Gräser an den Hut.

Der kleine Bär hat dem Vogelmann sein Holzauto mit den roten Rädern geschenkt.

Am Abend kommen die Rehe auf die Vogelmannwiese.

Im Nachbardorf steht seit gestern ein Zirkuszelt. Als der kleine Bär mit beim Einkaufen war, hat er den Zirkusleuten eine Weile zugeschaut. Er hat bunte Wagen gesehen, einen Mann auf langen Stelzen, eine dicke Zuckerwatteverkäuferin, ein winzig kleines Pony und einen großen braunen Bären.

Jetzt ist die Abendvorstellung vorbei. Die Zuschauer sind nach Hause gegangen und die Artisten sind in ihre Wagen geklettert.

In der Abendstille spielt der Clown auf seiner Geige ein Schlaflied für den kleinen Elefanten.

Manchmal fährt spätabends noch ein Lastkahn den Fluss hinunter. Vielleicht fährt er bis zum nächsten Hafen. Vielleicht sogar bis zum großen Meer.

Der kleine Bär sieht die Lichter und hört ganz leise das Tuckern der Motoren.

Ein Luftballon mit einem Brief schwebt über die Wiese. Er hat eine lange, lange Reise gemacht. Und bald wird er landen.

Was wohl in dem Brief steht?

Vielleicht findet ihn ja der kleine Bär. Vielleicht schon morgen Früh, wenn er ausgeschlafen hat.

Der kleine Bär freut sich schon auf morgen.

Morgen wird der kleine Bär nämlich wieder ein Seeräuber sein und mit seinem Seeräuberkapitän über das wilde Meer fahren. Sie werden ferne Länder entdecken und eine geheimnisvolle Schatztruhe finden.

Vielleicht besucht ja morgen der kleine Esel den kleinen Bären. Sie wollen dann zur alten Frau Rose gehen und ihr bei der Arbeit helfen.

Und später machen sie mit dem Leiterwagen einen Ausflug auf die Vogelmannwiese.

Es ist schön warm in der Sonne und manchmal fährt der Wagen ganz, ganz schnell.

Vielleicht entdecken die beiden unterwegs etwas …

Und wenn morgen die Sonne gar nicht scheint?

Wenn es morgen sogar regnet?

Dann saust der kleine Bär schnell hinüber zur Scheune und klettert auf den Dachboden. Der ist nämlich seine Bärenhöhle. Dort hat der kleine Bär viele Sachen gesammelt. Auch eine

Tonpfeife, auf der er Lieder spielen kann.

Wie gemütlich es ist, so im Trocknen zu sitzen. Vor allem, wenn man auch noch etwas Gutes zu essen dabeihat.

Draußen rauscht der Regen, und es riecht so frisch.

Ja, der kleine Bär freut sich auf morgen. Aber noch ist es Nacht.

Der kleine Bär schließt die Augen.

Dann hört er eine Musik, die irgendwo ganz leise klingt. Der kleine Bär stellt sich vor, dass das die Mondschein-musikanten sind, die nachts umherziehen und ihre Lieder spielen.

Für den Mond, für die Kinder und für kleine Bären.

Der Mond ist die ganze Nacht am Himmel und scheint auf die Wiesen, auf das Haus, auf die Bäume, auf den Fluss und auf die ganze Welt.

Und er scheint auch in die Fenster hinein.

Manchmal gibt der kleine Bär dem Mond noch einen Gutenachtkuss …

… und dann schläft er ein.

Monika Feils

Die Montag-Gutenachtgeschichte

Heute sind Bodo und Lilli in den Wald gegangen, denn Montag ist Honig-Suchtag. Am Honig-Suchtag wird überall herumgeschnüffelt und -genäselt, ob nicht irgendwo leckerer Honig zu finden ist.

Bodo schnüffelte aufgeregt hier und dort und Lilli sauste ihrem großen Bärenfreund mit kleinen Mäuseschritten hinterher. Sie war schon bald außer Puste, denn große Bärenschritte machen kleine Mäusefüße müde.

Dann setzte sie sich in Bodos gemütliche Bärentatze, ließ sich ein wenig tragen und ruhte aus.

Endlich hatte Bodos Bärennase den rechten Riecher. Er roch und fand – Honig! Ganz viel Honig.

„Still, Lilli! Ich rieche Honig, so wie Bären ihn lieben. Bärenfutter für eine ganze Bärenwoche!"

Still und leise und mäuschenflink machte sich Lilli aus dem Staub, denn eines wusste sie: Wenn Bären Honig finden, schimpfen die Bienen.

Und genau so war es. Bodo patschte nach dem leckeren, süßen Honig, und schon kamen sie heraus, die Bienen.

Sie schimpften, surrten und brummten. Doch große Bären haben vor kleinen Bienen keine Angst. Kleine Mäuse aber nehmen dann Reißaus und verschwinden ganz schnell. Weg. Fort. Zum Waldrand und warten, bis der Bärenfreund honigverschmiert und honigselig angetapst kommt. Satt, gut gelaunt und ein wenig erschöpft.

„Komm, Bodo, setz dich zu mir. Honig-Suchtage sind wirklich anstrengend. Ruh ein wenig aus!"

Damit war Bodo sehr einverstanden. Er setzte sich zu seiner Freundin auf den Baumstumpf und beide betrachteten den schönen Abendhimmel.

Die Sonne hatte sich in einen roten Ball verwandelt und alles erstrahlte in einem sanften, rötlichen Licht.

Am Waldrand wuchsen schöne Blumen. Große, rote Blumen und kleine, rote Blumen.

„Psst, Lilli, sei mucksmäuschenstill und beweg dich nicht! Dort unter den roten Blumen hat sich ein kleines, lustiges Tier versteckt!", flüsterte Bodo.

„Wo denn?", wisperte Lilli, und im gleichen Augenblick hatte sie es entdeckt: Ein kleines, kuschelweiches Tier mit einem langen Wuschelschwanz saß fast neben den beiden, knabberte und kaute emsig, sah und hörte nichts vor lauter Knabbern und Kauen.

„Lauf nicht weg, bleib ruhig hier,
du kleines, rotes Kuscheltier!"

„I-hich bin ein Eichhörnchen,
knabbre, sammle, liebe Körnchen!
Ro-hote Früchte, rote Beeren,
a-halles das will ich verzehren!"

„Rote Beeren sind gar nicht mal so schlecht für kleine Mäuse!"

„Und große Bären lieben rote Beeren auch!"

Kaum hatten die beiden das gesagt, war das Eichhörnchen wie vom Erdboden verschwunden. Und all die roten Früchte und Beeren auch. Einfach weg!

„Schnell, Bodo, hinterher, das Kuscheleichhörnchen suchen! Warum läuft es nur vor uns weg?"

„Weiß nicht", brummelte Bodo. „Vielleicht hatte es Angst, dass wir ihm die roten Früchte wegessen, oder es hatte ganz einfach Angst vor mir."

„Vor dir doch nicht, Bodo! Du bist doch mein bester Freund! Wer sollte denn da Angst vor dir haben? Komm, lass uns suchen!"

Sie suchten unter den großen, roten Blumen, sie suchten unter den kleinen, roten Blumen. Nichts. Dann suchten sie im Wald. Doch sie fanden kein Eichhörnchen und keine roten Früchte.

„Du, Lilli, ich glaube, das Eichhörnchen hat ganz schnell alles aufgefuttert und sich dann schlafen gelegt. Be-

133

stimmt träumt es jetzt schöne Träume. Am besten, wir lassen es einfach in Ruhe."

„Hast Recht, Bodo-Bär. Wir lassen das Eichhörnchen schlafen und wandern noch ein wenig durch den Wald."

Es gab so schöne Blumen im Wald. Rote Blumen und gelbe Blumen, blaue Blumen und lila Blumen. Und es gab viele Sträucher im Wald. Gelbe Sträucher mit großen Blättern und kleine Sträucher mit kleinen Blättern.

Und viele, viele Bäume. Große Bäume mit großen Blättern und kleine Bäume mit kleinen Blättern.

„Bodo, komm, wir klettern auf den großen Baum!"

„Gute Idee, und weißt du was, ich helfe dir!"

Bodo war nämlich ein hervorragender Baum-Kletterbär. Lilli setzte sich einfach auf seine Schultern und – eins, zwei, drei – schon hockten sie in der Baumkrone.

Oh wie schön: Der Abendhimmel hatte sich dunkelrot gefärbt und tauchte alles in ein sanftes, rötliches Licht. Man konnte ganz weit sehen und alles war winzig klein.

Die Blumen waren winzig klein und die Sträucher waren winzig klein.

Die Blätter raschelten leise und der Wind wehte Wellen ins Gras. Große Wellen, kleine Wellen, große, kleine.

„Ach Lilli, ich werde müde, so müde. Komm, lass uns nach Hause gehn."

„Gut, ich bin auch müde, sehr müde."

Ganz langsam und gemütlich schlenderten die beiden Freunde zurück zu ihrer kleinen Höhle.

Der Mond leuchtete ihnen den Heimweg und die Sterne funkelten.

Als sie zu Hause angekommen waren, legte sich Lilli in ihr Lilli-Kuschelbett und Bodo legte sich in sein Bodo-Bärenbett.

Sie räkelten und streckten sich noch ein wenig und wurden immer müder. War das gemütlich!

Die Hände waren gemütlich.

Die Arme waren gemütlich.

Der Kopf war so gemütlich.

Und der Bauch war sehr müde und ganz gemütlich.

Der Popo war gemütlich.

Die Beine waren gemütlich.

Die Füße waren müde und sehr gemütlich.

Und die beiden schliefen tief und fest ein. Tief und fest und ganz gemütlich.

Sie träumten schöne Träume und schliefen die ganze Nacht.

Gute Nacht, ihr Lieben!

Else Holmelund Minarik

Was der kleine Bär sich wünscht

„Kleiner Bär!", sagte Mutter Bär.

„Ja, Mutter?", fragte der kleine Bär.

„Schläfst du noch nicht?", fragte Mutter Bär.

„Nein, Mutter", sagte der kleine Bär, „ich kann nicht schlafen."

„Warum nicht?", fragte Mutter Bär.

„Ich bin am Wünschen", antwortete der kleine Bär.

„Was wünschst du dir denn?", fragte Mutter Bär.

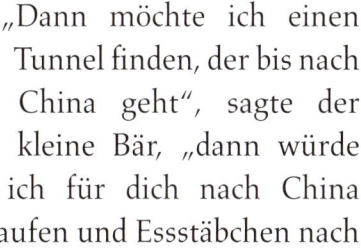

„Ich möchte auf einer Wolke sitzen und überall herumfliegen", sagte der kleine Bär.

„Das kannst du dir nicht wünschen, mein kleiner Bär", antwortete Mutter Bär.

„Dann wünsche ich mir, dass ein Meerschiff kommt", sagte der kleine Bär, „und die Leute auf dem Schiff sagen: ‚Komm herauf, komm herauf! Wir fahren los! Komm mit! Komm mit!'"

„Das kannst du dir nicht wünschen, mein kleiner Bär", sagte die Mutter Bär.

„Dann möchte ich einen Tunnel finden, der bis nach China geht", sagte der kleine Bär, „dann würde ich für dich nach China laufen und Essstäbchen nach Hause bringen."

„Das kannst du dir nicht wünschen, mein kleiner Bär", sagte Mutter Bär.

„Dann wünsch ich mir ein großes rotes Auto", sagte der kleine Bär, „ich würde schnell, schnell davonfahren und ich käme zu einem großen Schloss. Und eine Königstochter käme heraus und sagte zu mir: ‚Willst du ein Stück Kuchen haben, kleiner Bär?' Und ich würde ein Stück Kuchen essen."

„Das kannst du dir nicht wünschen, mein kleiner Bär", sagte Mutter Bär.

Da sagte der kleine Bär: „Dann wünsch ich, dass eine Mutter Bär zu mir kommt und sagt: ‚Soll ich dir eine Geschichte erzählen?'"

„Gut", sagte Mutter Bär, „das kannst du dir wünschen. Das ist ein kleiner Wunsch."

„Danke, Mutter", sagte der kleine Bär, „das wünsch ich mir schon so lange."

„Und was für eine Geschichte möchtest du hören?", fragte Mutter Bär.

„Erzähl mir etwas von mir", sagte der kleine Bär. „Erzähl mir, was ich früher alles gemacht habe."

„Gut", sagte Mutter Bär, „einmal hast du im Schnee gespielt, und du wolltest etwas haben zum Anziehen."

„Oh ja, das war lustig", sagte der kleine Bär. „Erzähl mir noch etwas von mir."

„Gut", sagte Mutter Bär, „einmal hast du einen Fliegerhelm aufgesetzt und hast Mondfahrer gespielt."

„Das war auch sehr lustig", sagte der kleine Bär. „Erzähl mir noch mehr von mir."

„Gut", sagte Mutter Bär, „einmal hast du gemeint, du bekämst keinen Geburtstagskuchen, da hast du eine Geburtstagssuppe gemacht."

„Oh, das war lustig", rief der kleine Bär, „und dann bist du mit dem Kuchen gekommen. Du tust immer etwas Liebes für mich."

„Und jetzt", sagte Mutter Bär, „kannst du auch etwas Liebes für mich tun."

„Was denn?", fragte der kleine Bär.

„Du kannst jetzt schön schlafen", sagte Mutter Bär.

„Also gut, dann schlafe ich", sagte der kleine Bär, „gute Nacht, liebe Mutter."

„Gute Nacht, mein kleiner Bär. Schlaf gut."

Isolde Schmitt-Menzel

Maus, Bär und Tiger

Mitten in der Nacht fängt Bär an zu weinen. Maus stolpert aus ihrem Kuschelbett.

„Komm, Bär, sei still", sagt Maus.

„Aber ich hab so Angst", sagt Bär. „Darf ich mit in dein Bett?"

„Und warum hast du Angst", fragt Maus.

„Ich hab von einem großen, schrecklichen Tiger geträumt!", sagt Bär.

„Und ich denke, du willst Tierforscher im Urwald werden. Das scheint sich ja geändert zu haben. Komm, kuschel dich fest in meinen Arm", sagt Maus und verschwindet mit Bär im Mausebett.

137

Stille – dann lautes Schnaufen von Bär: „Hm, hm …"

„Bär, heulst du? Mein Bauch wird ja ganz nass", sagt Maus.

„Ich muss dir doch den ganz schlimmen Traum noch erzählen!", sagt Bär.

„Also los, Bär", sagt Maus, „ich hör zu."

„Der Tiger, der Tiger – ach, Maus, jetzt weiß ich es schon gar nicht mehr genau. Aber der Tiger war sooo gefährlich, Maus."

Maus stellt Bär auf den Stuhl.

„Da, schau, hast du noch alle Arme und Beine, Ohren und Nase, alles da, Bär?"

„Ja, Maus."

„Und wo bist du jetzt?"

„Im Arm von Maus."

„Gut, Bär", sagt Maus, „dann rasch wieder ins Bett. Zusammen sind wir ganz stark. Ich halt dich in meinen Armen. Schlaf wieder ein. Ich erzähl dir eine Geschichte:

Wir beide spazieren jetzt zusammen durch den Urwald. Die Sonne scheint, es ist warm und ein blauer Schmetterling schaukelt in der Luft. Ein großer, bunter Vogel singt und wunderschöne Blumen blühen. Fische sausen flink durch das grüne Wasser und wir beide schauen ihnen zu. Da treffen wir Tiger. Wir sagen: ‚Hallo, Tiger, wie geht es dir? Willst du unser Freund sein?'

‚Ja, warum nicht', sagt Tiger …
Bär, hörst du überhaupt noch zu?"
„Nein", brummt Bär, „ich bin so müde. Gute Nacht, Maus."
„Er schläft wieder", sagt Maus. „Was für ein lieber, kleiner, dummer Bär!" Und sie trägt ihn in sein Bett.
„Aber immerhin", sagt Maus, „ist Tiger jetzt unser Freund. Das muss ich Bär morgen erzählen!"

Ursula Fuchs

Prinzessin auf der Erbse

Es ist Abend. Der Wind streicht ums Haus. Im Wohnzimmer brennt die rote Lampe.

Justus hat Bär die Geschichte von „Schneeweißchen und Rosenrot" vorgelesen.

Jetzt ist das Märchen von der „Prinzessin auf der Erbse" dran.

Die beiden sitzen eng aneinander gekuschelt in dem großen Sessel. Das macht warm.

„Und wenn die Prinzessin nicht gestorben ist, so lebt sie heute noch", sagt Justus.

Er klappt das Märchenbuch zu und stellt fest, es ist höchste Zeit zum Schlafengehen, für Bär.

Bär bleibt still sitzen. So still, dass Justus ihn fragt, was er denn hat.

„Nichts", sagt Bär.

Na, dann kann er ja ins Bett gehen.

Das kann Bär aber nicht. Er muss Justus noch was fragen. Etwas sehr Wichtiges.

„Was denn?"

Bär fragt, ob Justus sich vorstellen kann, dass er ein verzauberter Prinz ist.

Justus schaut ihn an, streichelt ihm den Bauch und sagt, er kann sich das überhaupt nicht vorstellen. Er sagt, dass Bär ein richtiger Bär ist und immer schon ein Bär war.

Bär mag jetzt aber das Bauchstreicheln nicht. Woher Justus denn so genau weiß, dass er nicht verzaubert ist.

Justus weiß das natürlich nicht genau. Was kann er schon so genau wissen? Vielleicht ist Bär eben doch kein Bär. Vielleicht ist er wirklich ein verzauberter Prinz.

„Eben", sagt Bär und läuft in die Küche. Er holt aus der Erbsentüte eine grüne, harte Erbse, stopft sie in seinem Bett unter die Matratze.

Wenn ihn heute Nacht die Erbse drückt und er morgen Früh blaue Flecken hat, dann ist er ein Prinz. Ein richtiger Prinz.

So war das nämlich in dem Märchen von der „Prinzessin auf der Erbse" auch.

Bär krabbelt ins Bett und zieht die Blümchendecke bis unter die Arme.

Justus krault ihm den Nacken. Da, wo Bär den kleinen hellen Fleck im Fell hat.
„Schlaf gut, du verzauberter Prinz!"
Bär hält seine Hand fest. Er muss Justus noch was fragen.
„Himmel, was denn jetzt noch?"
Bär setzt sich. Er zählt die Blümchen auf der Decke. Eins, zwei, drei, vier, fünf, sechs, sieben.
Er soll schon fragen.
Bär fragt, was sie denn morgen Früh machen, wenn nun herauskommt, dass er ein Prinz ist.
Justus überlegt. Also, wenn Bär ein Prinz ist, müssen sie ja gleich morgen Früh ein Schloss für ihn suchen. Weil Prinzen nun mal in Schlössern wohnen. Das ist wohl klar.
„Du meinst das wirklich ehrlich?"
„Ganz ehrlich." Justus nickt.

„Juchhu!" Bär reißt beide Arme hoch.
„Dann können wir in dem Schloss richtig schön spuken und Gespenster spielen."
Er hüpft auf der Matratze wie ein Ball.
Justus hält ihn fest. „Du, Bär, Prinzen hüpfen aber nicht auf dem Bett herum. Sie schreien nicht, spielen auch nicht Gespenster."
„Und warum tun sie das nicht?"
„Weil sie viel zu gut erzogen sind."
„Ich bin aber nicht gut erzogen!" Bär grinst, legt Justus seine Pfoten um den Hals und sagt, er freut sich schon darauf, wenn sie beide auf das Schloss ziehen.
„Da musst du schon allein ziehen", sagt Justus.
Allein? Will Justus denn nicht mit?
Nein, er will nicht.

Aber er kann doch Bär nicht allein lassen.

Doch, das kann er. Denn Justus will in seiner Wohnung bleiben. Die ist zwar klein und kein Schloss. Aber ihm gefällt sie trotzdem.

„Du gehst wirklich nicht mit mir auf mein Schloss?", fragt Bär.

„Wirklich nicht!" Und nun soll Bär endlich schlafen.

Justus wird das Licht ausknipsen.

„Nein, nein, noch nicht!", schreit Bär. Vorher muss er noch was suchen.

„Was denn?"

Die Erbse unter der Matratze.

Aber die hat Bär doch eben erst versteckt. Und die muss da bleiben. Bär will doch wissen, ist er nun ein Prinz oder ist er keiner.

„Will ich nicht!", schreit Bär. „Ich will kein Prinz sein, und ein Schloss will ich auch nicht."

„Was willst du denn?", fragt Justus.

„Bei dir bleiben will ich", heult Bär und drückt sich ganz fest in Justus' Arme.

Lutz Rathenow

Der Gast

Der Eisbär mag noch nicht schlafen und schlendert in der Wohnung umher. Da entdeckt er einen zweiten Eisbären.

„Guten Tag!", grüßt er hocherfreut.

„Guten Tag!", antwortet der Bär hinter dem Spiegel zur gleichen Zeit.

„Ich dachte, ich bin allein in der Wohnung", sagt der Bär vor dem Spiegel und hört, dass sein Gegenüber dies ebenfalls annimmt.

„So ist es viel schöner."

Das meint der andere auch.

„Wir können uns noch ein bisschen unterhalten. Ich soll zwar schlafen, weil schon Abend ist. Aber ich bin nicht müde." Kaum hat das der Bär erklärt, muss er gähnen.

Und der Eisbär hinter dem Spiegel gähnt genauso.

Als der Bär vor dem Spiegel den Bären hinter dem Spiegel gähnen sieht, wird ihm noch mehr nach Gähnen zu Mute. Er kann gerade noch ein „Entschuldigung" brummen, bevor er den Mund weit öffnet und lange und laut gähnt. Dies scheint den zweiten Bären anzustecken – er gähnt ebenso ausgiebig.

Das regt wiederum den Bären vor dem Spiegel zu einem noch deutlicheren Gähnen an. Und es würde wohl kein Ende finden, wenn der Eisbär den Mund nicht so heftig aufreißen würde, dass sich die Augen wie von selbst schließen. Jetzt, als er sein Gegenüber nicht mehr sieht, hört der Bär auf zu gähnen. Er merkt aber seine Müdigkeit. Besser schlafen, als sich die ganze Nacht was vorzugähnen, denkt er und öffnet die Augen.

Sein Freund schaut ihn an.

„Gute Nacht, lieber Freund, ich gehe jetzt schlafen!"

Der Eisbär sieht, dass der Bär hinter dem Spiegel das Gleiche sagt, und freut sich, weil er von ihm auch Freund genannt wird. Da es aus seinem Mund erneut gähnen will, dreht er sich energisch um und tappt davon. Als er nach mehreren Schritten zum Spiegel zurückschaut, ist dort keiner mehr. Mein Freund schläft schon, schlussfolgert der Eisbär, legt sich mit dem Kopf auf eine Packung Eiswürfel und schläft ein. Er träumt von Bananen-, Himbeer-, Vanille-, Schoko-, Erdbeer-, Kokoseis.

143

Benno Pludra

Vom Bären, der nicht schlafen konnte

Es lebte ein Bär in dem schönen fernen Land Sibirien. Er war groß und stark, aber sehr gutmütig, und die Tiere der Taiga liebten ihn. Jeden Morgen, wenn das Sonnenlicht grün und golden durch die Baumwipfel brach, wanderte der Bär hinunter an den Fluss. Dort saß er still auf einem Uferstein, spähte in die Tiefe und haschte blitzschnell nach den Fischen, die arglos vorüberschwammen. Hatte er genug gefangen und gefressen, streckte der Bär seine Pfoten aus, schniefte wohlig und schlief ein. So lebte er glücklich und zufrieden viele Jahre.

Eines Morgens aber, als der Bär zum Fluss hinunterkam, lugte von seinem Uferstein nur noch ein winziges Häubchen hervor, kaum größer als die eigene Tatze. Der Bär stand reglos mit ratlosen Augen. Er brummte laut und schnüffelte über den Fluss. Wie sollte er nun zu seinen Fischen kommen?

Das Wasser fragte nicht danach. Es stieg und stieg. Tag für Tag, Nacht für Nacht. Und der Bär verlor nicht nur den Uferstein. Er verlor auch den Strauch mit den süßesten Beeren, den Busch mit den schönsten Ebereschen und schließlich die Honigkammer in der alten Birke.

Das Wasser drang unerbittlich vor und der Bär wurde zornig und traurig.

Es begegnete ihm der Hirsch Maral.

„Sag mir!", rief der Bär. „Was tut der Fluss? Das Wasser steigt und steigt. Ich finde nirgendwo ein sicheres Fleckchen mehr."

Maral, von weit, weit her gekommen, sprach: „Das Wasser wird noch lange steigen. Denn die Menschen haben einen Damm gebaut, quer durch den Fluss."

„Einen Damm", rief der Bär, „quer durch den Fluss? Was soll das bedeuten? Ich habe keinen Uferstein mehr, dazu die süßesten Beeren verloren, dazu den herrlichsten Honig."

Und plötzlich brüllte der Bär: „Ich werde den Damm besiegen!"

Der Hirsch Maral aber sprach: „Es ist weit bis dorthin, hundertmal weiter,

als du an einem Tag laufen kannst. Und kämst du auch hin, der Damm ist hart wie ein Felsen, hoch wie ein Berg, und man rühmt seine Wunderkraft: Er gibt den Menschen Licht und Wärme …"
„Wer soll dir das glauben?" Der Bär schüttelte seinen Pelz und trabte los. Dem Lauf des Flusses folgend, trabte er durch die Taiga, trabte und trabte neben dem steigenden Wasser einher.

Der Sommer verging; mit nächtlichen Nebeln kam der Herbst, der Bär trabte immer noch durch die Taiga. Er traf den Rehbock, braun und sanft, und traf den Vielfraß, der auf weichen Sohlen seines Weges zog.
Er sah das Wiesel, flink von Busch zu Busch, und sah den Zobel, flink von Baum zu Baum, und sah den Auerhahn im Schmuck seiner Federn.

Und alle fragten: „Wohin, lieber Mischka, wohin? Komm, sei unser Gefährte!"

Der Bär aber grollte: „Ich habe keinen Uferstein mehr, dazu die süßesten Beeren verloren, dazu den herrlichsten Honig. Ich kann nicht euer Gefährte sein, ich muss den Damm besiegen. Folgt mir!"

Die Tiere folgten dem Bären nicht. Sie zogen tiefer in die Taiga: Rehbock und Vielfraß, Wiesel, Zobel, Auerhahn – die Tiere des Waldes, ob groß oder klein, suchten sich Höhlen und bauten sich Nester, ferner und ferner dem Damm.

Der Winter war nah, der Bär war allein, und als der erste Schnee fiel, sah er die letzte Haselmaus.

„Wohin, lieber Mischka?", piepste die Haselmaus. „Die Menschen haben einen Damm gebaut, Häuser gebaut, Straßen gebaut. Eine neue Stadt steht mitten im Wald. Autos fahren, Kinder spielen, und nachts sind die Straßen hell wie am Tage."

„Ich fürchte mich nicht", erwiderte der Bär. „Ich habe keinen Uferstein mehr, dazu die süßesten Beeren verloren, dazu den herrlichsten Honig. Ich werde den Damm besiegen!"

„Den Damm besiegen?", piepste die Haselmaus. Und stumm vor Schreck äugte sie dem Bären nach.

Der Schnee fiel sacht und weich, die Taiga wurde weiß, und die Sträucher

mit ihren Früchten schlummerten tief verborgen unter einer dicken Decke.

Der Bär fand keine Nahrung mehr. Hunger begann ihn zu quälen und die Glieder wurden ihm schwer. Er war müde, so müde, und dachte nicht mehr an den Damm, suchte sich eine Höhle, steckte den Kopf zwischen die Tatzen und schlief ein.

Das Wasser aber stieg weiter, Tag für Tag und Nacht für Nacht. Es erreichte die Höhle und leckte dem Bären über die Tatzen, leckte ihm über die Nase und der Bär musste niesen und wurde wach.

Nicht weit entfernt lag eine zweite Höhle, warm und geborgen unter einem Felsen. Der Bär kroch hinein, rollte sich rund und schlief drei Tage. Am vierten Tag war das Wasser auch hier und der Bär musste abermals weichen, geplagt von seiner Müdigkeit und böse auf die ganze Welt.

Einsam irrte er durch den Wald, fand keine Höhle mehr und keinen Unterschlupf, fand nur das Dach eines umgestürzten Baumes. Hier schlief er ein, schlief und schlief – wie lange?

Donnergetöse riss ihn hoch!
Ein Motor dröhnte, Ketten klirrten.
Ein Raupenschlepper zog den Baumstamm fort.
Der Bär lag wie erstarrt, und die Arbeiter neben dem Raupenschlepper, dick vermummt in Wattejacken, selber tapsig wie Bären, die Arbeiter schrien einander zu: „Ein Mischka, ein Mischka! Ist er tot?"
Der Bär sprang auf, den Arbeitern durch die Beine, warf sie mit ihren Wattejacken in den Schnee, rannte davon und kugelte sich, braun war sein Pelz, im stiebenden Schnee.
Weit durch den Wald war er gerannt, da klaffte verborgen ein schwarzer Spalt. Der Bär fiel hinein und sauste bergab, rutschte und sauste die Schlucht hinab – bis an den Rand einer Straße aus Schotter. Saß dort erschrocken still.
An seiner Nase vorbei rollten die riesigen Reifen schwerer Kipper, und jenseits der Straße schäumte sein Fluss. Doch der Bär erkannte den Fluss nicht wieder, so weiß und wild und tosend. Vorsichtig lugte er endlich ins Freie. Nach links, den Fluss hinunter, wurde das Wasser wieder ruhig. Nach rechts

aber stand der Damm: hart wie ein Felsen, hoch wie ein Berg, grau, glatt, mächtig! Zu Füßen des Dammes kochte die Wasserflut, zu seinen Häupten schwieg der Himmel, und der Bär, hierher gekommen, den Damm zu besiegen, fühlte sich arm und schwach gegen seine Größe.

Er suchte einen Weg zurück, stieg über Steingeröll bergauf, stieg weiter durch weichen Schnee, der blau im Schatten des Abends lag, und kam nach vielen Stunden zu der neuen Stadt.
Es war Nacht und sehr still und die Stadt sah feierlich aus im Licht ihrer weißen Laternen.
Am Rande der Taiga stand der Bär. Die nächtliche Stadt hatte ihn verzaubert.
Er streifte stumm durch die Straßen, zwischen den hohen Häusern ganz für sich, weil alle Menschen schliefen.
Auch die Autos schliefen und die blauen Telefonhäuschen und die roten Kioske, an denen tagsüber heißer Tee verkauft wurde. Die Laternen nur, leuchtend wie kleine Monde, wachten über den Schlaf der Stadt.
Die Bär lief hierhin und dorthin, betatzte die Autos, die Telefonhäuschen und schnupperte rund um die Teebudenplätze, verlockt von dem Duft nach Süßigkeit. Je länger der Bär aber lief, fremd in der Stadt, in den stillen Straßen, desto häufiger dachte er an die Taiga. Dachte an Rehbock und Viel-

fraß, an Wiesel, Zobel, Auerhahn, an den Hirsch Maral und die kleine, ängstliche Haselmaus. Dachte an Bäume und Sträucher, an die süßen Beeren des Sommers und die warmen Höhlen des Winters. Die Sehnsucht des Bären wuchs grenzenlos. Nichts hielt ihn mehr in der Stadt.

In der Frühe des nächsten Morgens, als alle Laternen längst verloschen waren, fanden Kinder seine Spur. Den Bären selber sahen sie nicht.

Er war weitergezogen zu den Tieren, Tage und Nächte durch die Taiga, zu den warmen Höhlen des Winters, in denen er Ruhe fand und Schlaf.

Klaus Seehafer

Martin in der Bärenhöhle

Martin klettert ins Bett, ohne noch ein Wort zu sagen. Er weiß nicht, ob es heute Abend überhaupt eine Geschichte geben wird. Heute gab es viel Geschimpfe hin und her. Erst war er zu frech, hieß es. Dann ist er ohne zu fragen weggelaufen. Eine Nachbarin vom Ende der nächsten Straße hat ihn wiederbringen müssen.

Jetzt sind sie alle böse miteinander, der Martin, die Mutter und der Vater. Martin liegt und wartet. Er hat Tränen in den Augen und will Frieden haben. Der Vater ist ins Zimmer gekommen und hat das Licht ausgemacht. Zögernd bleibt er in der Dunkelheit vor dem Bett stehen. Martin zieht einen langen, harten Schluchzer hoch. Er streckt eine Hand aus. Der Vater findet sie. Er hält sie fest und setzt sich.

Eine Weile bleibt es still.

„Bitte erzählen", flüstert Martin. „Bitte, bitte erzählen."

„Verdient hast du es nicht", sagt der Vater.

Und dann:

„Heute fällt mir auch nur eine ganz kleine Geschichte ein."

Und dann:

„Jetzt im Winter hält der Schnee die Erde zugedeckt, und alle Mauselöcher, Maulwurfshügel und Zwergenhöhlen auch. Die Bäume im Wald haben dicke weiße Mäntel an. Hörst du, wie der Wind pfeift? Wie kalt es dort draußen ist.

Aber hier unten ist die Bärenhöhle – schnell den Schnee beiseite geräumt und hinunter, hinein! Da spüren wir den Wind nicht mehr."

Der kleine Bär Martin dreht sich auf den Bauch und wühlt sich tiefer in die Deckenhöhle ein.

„Siehst du noch Licht?", fragt der große Bär.

„Ja", sagt der kleine.

„Dann kriech noch tiefer. Siehst du jetzt noch Licht?"

„Nein", brummt es von unten.

„Oben jagt der Wind über die Felder und fegt durch die Wälder. Unter der

149

Erde aber machen sich zwei Bären fertig für den Winterschlaf.

Roll dich ein, mein Kleiner, hier ist ein besonders gemütliches Eck."

Und dann:

„Hör mal! Hörst du nichts?"

„Was denn?", fragt der kleine Bär.

„Hörst du nicht? Da weint jemand!"

„Oh, wer denn?"

Der große Bär tappt noch mal nach oben. Als er wiederkommt, hat er ein kleines, weiches Bündel im Arm.

„Da, schau! Der Zotti stand im Wald und fror, der dumme kleine Sommerbär. Er hat sich verlaufen. Willst du nicht mit uns übernachten, Zotti?"

„Doch", schnauft der ganz kleine Bär und zittert noch. „Hier ist es warm und gemütlich."

„Dann grabt euch gut ein", sagt der große Bär. „Brumm, brumm."

Der kleine Bär brummt auch. Für den Zotti ist er ein großer Bär.

„Draußen ist tiefe Nacht", sagt der ganz große Bär. „Es hat aufgehört zu schneien. Der Mond ist da und die Sterne. Und es ist noch kälter geworden. Wie gut, dass wir jetzt alle in der Höhle sind. Nun schlaft schön, ihr kleinen Bären, und träumt vom Frühling im Wald, wenn die Bäume wieder blühen und die Bienen neuen Honig sammeln."

„Mmm", machen die kleinen Bären und denken an all den Honig.

„Brumm, brumm", macht der große Bär und trollt sich in die Höhle nebenan. Dann ist es still.

Mirjam Pressler

Bärenwünsche

Die Mutter hat Laura ins Bett gebracht. „Und kein Theater heute, Laura. Du weißt ja, bald ist Weihnachten. Und wenn Kinder nicht brav waren …"

Dann ist sie hinausgegangen. Laura weiß, was sie sagen wollte. Nur brave Kinder kriegen vom Christkind Geschenke.

Laura liegt im Bett. Aber sie ist überhaupt nicht müde. Abends ist sie nie müde, nur morgens, wenn sie aufstehen soll.

„Das hat sie von dir", sagt Mama oft zu Papa. „Du kommst auch abends nicht ins Bett und morgens nicht raus."

Dann zwinkert Papa Laura zu und Laura versucht auch zu zwinkern. Aber sie kann es nicht, sie kneift aus Versehen immer beide Augen auf einmal zu. Im Zimmer ist es nicht ganz dunkel, denn in einer Ecke brennt das Nachtlicht. Weil Laura nämlich Angst vor der Dunkelheit hat. „Und das hat sie von dir", sagt Papa oft zu Mama. „Du bist auch so ein Angsthase."

Dann zwinkert Mama Laura zu, und Laura zwinkert zurück. So gut es eben geht.

Sie schaut sich um. Dann setzt sie sich auf, sodass sie mit dem Rücken an der Wand lehnt und nimmt ihren Teddybären Wuschel in den Arm.

„Bist du auch noch nicht müde?", fragt sie und blinzelt Wuschel zu. „Von wem hast du das denn? Von deinem Papa oder von deiner Mama?"

Sie muss lachen und Wuschel lacht auch. „Bären haben keine Mama und keinen Papa", sagt Wuschel. „Das weißt du doch. Ich habe nur dich und sonst niemanden. Deshalb musst du auch immer lieb zu mir sein. Und jetzt möchte ich schlafen."

„Du sollst noch nicht einschlafen", sagt Laura. „Ich bin noch nicht müde."

Wuschel stöhnt. „Schon wieder! Ich verstehe das nicht. Wir Bären sind immer müde. Wir Bären können sehr gut schlafen. In der Wildnis schlafen wir jedes Jahr im Herbst ein und wachen erst im Frühjahr wieder auf."

„Dann verschlaft ihr ja das Schlittenfahren", sagt Laura. „Und Weihnachten. Und Schneemannbauen."

Wuschel richtet sich stolz auf. „Wir Bären halten nichts vom Schlittenfahren", sagt er. „Außerdem: Bärenweihnachten gibt es nicht und Schneebären erst recht nicht."

Laura lässt sich überrascht tiefer rutschen. So tief, dass ihr Kopf auf dem Kopfkissen liegt. Wuschel kippt nach vorn und drückt sein Gesicht an Lauras Hals. Genau an die Stelle, wo sie es am liebsten hat. Ganz weich und ein bisschen kitzelig ist Wuschels Fell. Sie legt einen Arm um seinen dicken Bauch und drückt ihn fest an sich.

„Ich erzähle dir jetzt vom Winter", sagt sie. „Da schneit es und alles wird weiß. Und an Weihnachten bekomme ich viele Geschenke. Von Oma und Opa, von Tante Ellen und von Onkel Robby. Und natürlich von Mama und Papa. Armer Wuschel, du tust mir wirklich Leid, weil ihr Bären kein Weihnachten habt."

Wuschel brummt sanft und müde.

„Weißt du was?", sagt Laura. „Wir werden allen Bescheid sagen, dass sie dir dieses Jahr auch etwas schenken müssen. Was wünschst du dir denn?"

Aber Wuschel gibt keine Antwort. Er ist schon eingeschlafen.

Laura überlegt, was sich ihr Bär wohl wünschen könnte. Einen neuen Pul-

lover. Eine Baskenmütze. Ein Bärenbett. Ein Bärendreirad. Ein paar neue Gesellschaftsspiele. Ein Quartett. Eine Puppe, die richtig pinkeln kann, so wie Conny eine hat … Und natürlich einen Puppenwagen dazu. Und einen neuen Schlitten und neue Schlittschuhe. Und ein neues rotes Fahrrad mit einem Einkaufskorb, in den er sich dann setzen kann, wenn Laura spazieren fährt, und … und … und …

Und dann ist Laura eingeschlafen.

Max Bolliger

Wenn du schläfst

Wenn du schläfst,
zupft dich einer am Ohr
und brummt dir was vor,
er stupft dich am Bauch
und kitzelt dich auch.
Er lacht –
und wenn du erwachst,
schaut er dich an,
als ob gar nichts wär –
dein alter brauner Bär.

Inhalt

Bär staunt

Zottel-, Tanz- und Heidelbär

Gute Nacht, kleiner Bär

Information Der Deutschen Bibliothek

Die Deutsche Bibliothek verzeichnet diese Publikation in der Deutschen Nationalbibliografie; detaillierte bibliografische Daten sind im Internet über *http://dnb.ddb.de* abrufbar.

Die Schreibweise entspricht den Regeln der neuen Rechtschreibung.

5 4 3 2 1   07 06 05 04 03

Originalausgabe als Anthologie
© 2003 Ravensburger Buchverlag Otto Maier GmbH

Quellenverzeichnis siehe Seite 159
Umschlagillustration: Christine Georg
Redaktion: Denise Vöhringer

Printed in Germany

ISBN 3-473-34369-2

www.ravensburger.de

Quellenverzeichnis

S. 5   Boge-Erli „Überall gibt's Bären".
© bei der Autorin.

S. 8   Achim Bröger „Hallo, Bär!".
© beim Autor.

S. 12   Josef Guggenmos „Sieben kleine Bären";
aus: Oh, Verzeihung sagt die Ameise.
© 1990 Beltz Verlag, Weinheim und Basel.
Programm Beltz & Gelberg, Weinheim.

S. 13   Sigrid Heuck „Die Teddybär-Geschichte".
© bei der Autorin.

S. 15   Gina Ruck-Pauquèt „Der kleine
Nachtwächter und der Bär". © bei der Autorin.

S. 17   Elisabeth Zöller „Guten Tag, ich bin
ein Bär" (Lied). © Kinder Musik Verlag GmbH,
Velbert.

S. 18   Friedel Schmidt „Wischi und Waschi".
© 1984 Gerstenberg Verlag, Hildesheim.

S. 22   Stijn Moekaars „Freundin"; aus: Bär und
Biene. Aus dem Niederländischen von Mirjam
Pressler. © 2000 Patmos Verlag GmbH & Co.
KG/Sauerländer Verlag, Düsseldorf.

S. 24   Hans Baumann „Der Honigschlecker";
aus: Leselöwen-Tiergeschichten. © 1987 by
Loewe Verlag GmbH, Bindlach.

S. 27   Retus de Selva „Der Berg des großen
Bären". © Claasen Verlag, München.

S. 34   Ingrid Uebe „Teddy Langohr".
© bei der Autorin.

S. 42   Frank Asch/Gina Ruck-Pauquèt
„Der kleine Mondbär". Rechteinhaber konnte
nicht ermittelt werden und ist aufgefordert,
sich gegebenenfalls beim Verlag zu melden.

S. 44   Renate Welsh „Ein sehr alter weißer
Bär". © bei der Autorin.

S. 48   Robert Ingpen „Teddybären unter sich".
© 1991 Copenrath Verlag, Münster.

S. 52   Josef Guggenmos „Warum der kleine Bär
sieben Purzelbäume schlägt". © beim Autor.

S. 53   Gina Ruck-Pauquèt „Murmelbär".
© bei der Autorin.

S. 56   Winfried Wolf „Warum die Eisbären
schwarze Nasen haben". © beim Autor.

S. 58   Dietlind Neven-du Mont „Der Ameisenbär". © Erbengemeinschaft Neven-du Mont,
Freiburg.

S. 59   Wolf Erlbruch „Das Bärenwunder".
© Peter Hammer Verlag Wuppertal, 1992.

S. 61   Irina Korschunow „Pippo und der kleine
Bär". © bei der Autorin.

S. 64   Ursula Fuchs „Flohmarkt"; aus:
Geschichten vom Bär. © 1984 Beltz Verlag
Weinheim und Basel. Edition Anrich.

S. 66   Mirjam Pressler „Bärengeburtstag";
aus: Leselöwen-Geburtstagsgeschichten.
© 1994 by Loewe Verlag GmbH, Bindlach.

S. 70   Jürgen Spohn „Viel". © Barbara Spohn,
Berlin.

S. 71   Margret Rettich „Der kleine Bär reißt
aus". © bei der Autorin.

S. 73   Achim Bröger „Kleiner-Bär macht
Musik". © beim Autor.

S. 79   Jürgen Spohn „Mit oder ohne".
© Barbara Spohn, Berlin.

S. 80   Jósef und Piotr Wilkón „Kleiner großer
Bär". © 2000 Patmos Verlag GmbH & Co. KG,
Düsseldorf.

S. 83   Hans de Beer „Kleiner Eisbär, komm bald wieder". © 1988 Nord-Süd Verlag AG, Gossau-Zürich/Schweiz.

S. 86   Ute Lasch „Ein Bär geht durchs Land". © bei der Autorin.

S. 88   Else Holmelund Minarik „Der kleine Bär fliegt zum Mond"; aus: Der kleine Bär. Aus dem Amerikanischen von Caspar Franz. © 1997 Patmos Verlag GmbH & Co. KG/Sauerländer Verlag, Düsseldorf.

S. 91   Gina Ruck-Pauquèt „In jedem Wald ist eine Maus, die Geige spielt". © bei der Autorin.

S. 95   Ingrid Uebe „Der kleine Brüllbär ist krank". © bei der Autorin.

S. 101   Josef Guggenmos „Bär und Schmetterling". © beim Autor.

S. 104   „Kleiner Tanzbär" (Lied). Text und Melodie (nach einem alten Kinderlied): Dorothée Kreusch-Jacob. © Patmos Verlag GmbH & Co. KG, Düsseldorf.

S. 105   Ilona Bodden „Bärenhunger".

S. 106   Friedl Hofbauer „Der Heidelbeerbär". © bei der Autorin.

S. 111   Hans Georg Schmitten „Der Eisbär kommt!". © beim Autor.

S. 114   Sylvia Frueh-Keyserling „Zottelbär" (Lied). © Kinder Musik Verlag GmbH, Velbert.

S. 116   Helme Heine „Prinz Bär". © Middelhauve Verlag, München.

S. 125   Leo Tolstoi „Der Große Bär"; aus: Volkserzählungen. © 1961 Patmos Verlag GmbH & Co. KG/Artemis & Winkler Verlag, Düsseldorf/Zürich.

S. 128   Quint Buchholz „Schlaf gut, kleiner Bär". © 1998 Patmos Verlag GmbH & Co. KG/Sauerländer Verlag, Düsseldorf.

S. 132   Monika Feils „Die Montag-Gutenachtgeschichte". © Margret Feils.

S. 135   Else Holmelund Minarik „Was der kleine Bär sich wünscht"; aus: Der kleine Bär. Aus dem Amerikanischen von Caspar Franz. © 1997 Patmos Verlag GmbH & Co. KG/Sauerländer Verlag, Düsseldorf.

S. 137   Isolde Schmitt-Menzel „Maus, Bär und Tiger". © bei der Autorin.

S. 140   Ursula Fuchs „Prinzessin auf der Erbse"; aus: Geschichten vom Bär. © 1984 Beltz Verlag, Weinheim und Basel. Edition Anrich.

S. 143   Lutz Rathenow „Der Gast". © beim Autor.

S. 144   Benno Pludra „Vom Bären, der nicht mehr schlafen konnte". © beim Autor.

S. 149   Klaus Seehafer „Martin in der Bärenhöhle". © beim Autor.

S. 152   Mirjam Pressler „Bärenwünsche"; aus: Leselöwen-Gutenachtgeschichten. © 1998 by Loewe Verlag GmbH, Bindlach.

S. 155   Max Bolliger „Wenn du schläfst". © beim Autor.